KB203937

해럴드 센크바일의 글은 언제나 진짜다. 어설픈 생각에서 나온 말이 아니라, 삶과 목양의 현실에서 건져 올린 생생한 말이다.《하나님을 신뢰할 수 없을 때》는 신자라면 누구나 고민해 보았을 '고통 속에서도 하나님을 신뢰할 수 있을까?'라는 주제를 담고 있다. 예수님은 인간으로 오셔서 고난을 당하셨기 때문에 우리를 위로하실 수 있는 분이다. 성경에서도 '고난을 통해 순종함을 배워서 온전하게 되셨다'(히 5:8)고 말하고 있다. 모든 인생의 고난에 대한 해답은 그리스도의 십자가이다. 저자는 불신에서 신뢰로 나아가는 성숙한 신앙의 본을 보여 준다. 이 책은 그 고통과 눈물의 여정을 담고 있다. 얄팍해진 우리의 신앙을 돌아보고, 깊은 신앙의 단계로 나아가게 하는 도전이 되는 책이다.

고상섭 | 그사랑교회 담임목사, CTCKOREA 이사

'슬픔, 눈물, 고통, 약함, 외로움.' 목차에 나오는 이런 단어는 우리의 인생을 나타낸다. 그리스도인의 삶은 이 목차만큼이나 역설적이다. 해럴드 센크바일의《하나님을 신뢰할 수 없을 때》는 인생에서 만나는 고난과 고통의 시간을 지나는 우리를 온전한 삶의 자리, 영원한 생명으로 나아가도록 돕는 책이다. 이 책은 머리로만 편안하게 말하지 않는다. 우리 삶의 고통을 알고 그러한 몸부림을 담고 있다. 우리 삶의 모든 여정을 아시는 인생의 주인 되시는 하나님을 알아 가는, 고난의 시간에 함께하시는 예수 그리스도를 신뢰하게 되는 이 책을 꼭 읽어 보기를 추천한다.

나무엔 | 찬양사역자, 싱어송라이터

혼자서는 견디기 힘든 고난을 당했을 때 곁을 지켜 주는 사람이 진

정한 친구다. 우리 그리스도인은 고난을 통해 하나님만이 우리의 진정한 친구이심을 깨닫는다. 센크바일은 50여 년의 목회 여정 가운데 극심한 고통과 재난을 당한 성도들을 목양해 왔다. 그리고 오직 그리스도만이 성도의 위로라고 이 책에서 역설한다. 이 작은 책, 《하나님을 신뢰할 수 없을 때》는 고난 가운데 있는 우리의 손을 이끌어 피 묻은 그리스도의 손을 붙잡게 할 것이다. 그리고 참된 위로자이신 하나님을 전심으로 신뢰하게 할 것이라고 확신한다.

우성균 | 행신침례교회 담임목사

광야를 통과할 때 반드시 필요한 것은 나침반이다. 방향을 잃으면 광야에서 방황하다 죽기 때문이다. 이 책은 인생의 고난과 고통 속에서 방황하는 사람들에게 그 시간을 안전하게 통과할 수 있도록 돕는 나침반 같은 책이다. 저자는 고난의 시간을 보내는 사람들에게 정말 필요한 것이 무엇인지를 정확하게 알고, 영원한 생명을 얻을 수 있는 그 지점으로 우리를 안내한다. 고난 가운데 일하시는 하나님을 발견하고 참된 위로를 경험하길 원하는 성도들에게 이 책을 추천한다.

윤마리아 | 온누리교회 양재 브릿지33+, JDS 담당목사

모든 것이 빠르게 변해 가는 시대, 무엇이 정답인지 도무지 알 수 없는 세상에서 하루하루 사는 것이 참 버겁게 느껴진다. 하나님을 믿는다고 말하지만 여전히 우리 삶은 막막하고 불안하다. 그런 우리에게 이 책은 가장 중요한 질문을 던진다. '우리가 믿는 하나님이 어떤 분인가?' 지금 겪고 있는 어려움과 미래에 대한 걱정 때문에 하나님을 바라보지 못하고 있는 분들에게 이 책을 추천한다. 우

리를 흔드는 수많은 좌절 속에서 우리가 붙들어야 할 단 한 가지 진리, 예수 그리스도를 발견할 수 있을 것이다.

윤지혜 | 작가, 서울아산병원 간호사

저자의 글은 생생하다. 실제로 삶의 흔적들이 이야기되고, 그 이야기들이 복음 안에서 현실이 되었기 때문이다. 이 책의 저자는 우리의 눈을 하나님께 향하게 한다. 그리고 우리가 고난을 당하는 그 시간과 공간이 바로 그리스도가 나와 함께 계시는 현실이라는 것을 알게 한다. 《하나님을 신뢰할 수 없을 때》는 그저 슬픔을 회피하려는 피상적인 위로의 말들로 채워진 책이 아니다. 현실을 바라보는 우리의 시선을 바꾸어 하나님 안에서 새로워진 인생을 살게 하는 책이다. 우리 삶에서 만나는 고통이 현실이듯, 그리스도께서 우리와 함께하신다는 사실 역시 더욱 분명한 현실이다. 이 책은 우리를 바로 그 은혜의 현실로 인도할 것이다.

이수환 | 강변교회 담임목사

독서 모임하고 싶은 책을 만났다. 해럴드 센크바일의 책에 담긴 11가지 짧은 글들은 우리 인생의 민낯을 직면하게 한다. 이 책은 고난을 말하는 것 같지만 믿음을 전해 주고, 인생의 어두운 골짜기에 붙들린 시선을 소망으로 옮겨 준다. 《하나님을 신뢰할 수 없을 때》를 읽으며 (저자의 제안을 따라) 기도해 보기를 바란다. 고난과 고통 속에서 소망과 위로를 주시는 그리스도를 만나는 이 책을 함께 읽으며, 믿음의 교제로 이어질 독서 모임이 기대된다.

이정우 | 목사, 독서모임 북서번트 대표

슬픔과 고통은 다양한 모습으로 우리 곁에 있다. 아니, 우리와 함께 살고 있다고 해도 과언이 아닐 것이다. 《하나님을 신뢰할 수 없을 때》는 이 고난 앞에서 우리의 믿음이 흔들릴 때 우리의 연약함을 책망하지 않고 따뜻하게 감싸고 격려하는 책이다. 이 책에서 저자는 우리의 슬픔과 고통보다 예수 그리스도가 주는 위로와 힘이 더 크다고 호소한다. 고단한 삶을 지나는 이들이 이 책을 읽는다면, 어느새 그리스도 앞에 있는 자신을 발견하게 될 것이다.

전광진 | 수지예본교회 담임목사, 전 분당우리교회 훈련 디렉터

성도의 삶에 놓인 고난을 어떻게 지나갈 수 있을까? 저자는 서문에서 '인생의 어두운 골짜기에서는 미사여구가 아니라 예수님이 필요하다'고 말한다. 이 책은 그저 고난을 해결하기 위한 책이 아니다. 예수님을 만나기 위한 책인 것이다. 각 장에서는 그리스도인들이 경험하는 여러 가지 고난과 그 시간을 통해 만나게 되는 예수님에 대해 이야기하고 있다. 이 책을 읽는 우리는 그 예수님께서 만드는 회복과 성장의 이야기를 자신의 이야기로 읽게 될 것이다. 나는 '고난을 통과한 모든 이가 성숙해지는 것은 아니지만, 성숙한 사람 중에 고난을 통과하지 않은 이는 없다'는 말이 옳다고 생각한다. 단순히 고난이 사람을 성숙시키는 것이 아니라, 고난 가운데 함께하시는 예수님을 만날 수 있기 때문에 성숙해지는 것이다. 조금은 느린 호흡으로 한 편 한 편 읽어 보라. 우리도 저자가 들려주는 그 예수님을 이 고난의 길에서 만나 그가 원하시는 성숙을 이뤄 갈 것이다.

조영민 | 나눔교회 담임목사

그리스도인과 결코 뗄 수 없는 주제. '고난과 고통'. 하나님은 우리 삶에 녹아든 세상의 불순물을 제거하기 위해 고난을 허락하신다. 하지만 때로는 믿음의 키가 작아서 고난이라는 장애물에 시야가 막힐 때를 종종 경험하게 된다. 그렇기에 우리는 예수님께 시선을 고정해야 한다. 해럴드 센크바일은 고통 가운데 있는 그리스도인에게 우리의 시선을 예수님께 돌릴 수 있도록 도와준다. 바라기는 이 책을 통해 고난 중 참된 위로와 소망이 되시는 예수님을 만나기를 축복한다.

주경훈 | 오륜교회 담임목사

센크바일의 글은 언제나 울림이 있다. 50년에 걸친 신실한 목회 경험이 풍성한 신학과 만나 지치고 시달린 이들을 그리스도께 인도한다. 《하나님을 신뢰할 수 없을 때》는 가족과 친구, 그리고 우리 자신에게 닥치는 재난과 고통의 무자비한 현실을 다루고 있다. 짧은 이 책의 후기엔 '위로'라는 단어가 가장 많이 사용될 것이다. 당신이 우울과 낙담의 주인공이라면 꼭 이 책을 읽어 보라. 복음의 약속과 성경 말씀으로 가득한 이 책을 사랑하게 될 것이다. 삶의 어려운 순간을 그리스도와 함께 통과하려는 모든 이에게 이 책을 추천한다.

최주훈 | 중앙루터교회 담임목사, 《예배란 무엇인가》 저자

하나님을 신뢰할 수 없을 때

하나님을 신뢰할 수 없을 때

해럴드 센크바일 지음 · 김대형 옮김

고난과 고통 속에서 ·

*Christ
and
Calamity*

LOGOS

구름이 머무는 동안

• 본문에 인용된 성경 구절은 '새번역판' 성경을 사용했습니다.
• 이 책의 본문은 '을유1945' 서체를 사용했습니다.

예수님,
나는 주님의 것이니, 나를 구원하여 주십시오.

시편 119:94

주의 품에 안기니
나를 해치려는 원수들은
여기 내게 닿을 수 없네.

땅이 흔들리고
모든 이가 떨지라도
예수 내 두려움 잠잠케 하네.

번개가 치고 천둥이 울리며
죄와 지옥이 나를 공격해도
예수 나를 지키시네.

차례

독자들에게

그리스도가 계신 곳에 고난도 있다. 예수님도 "너희는 세상에서 환난을 당할 것이다. 그러나 용기를 내어라. 내가 세상을 이겼다."(요 16:33)라고 말씀하셨다. 고난이 닥쳐올 때 당신에게는 예수님이 필요하다.

이 책은 얇지만 그 안에는 예수님으로 가득 차 있다. 여기에 인용하는 예수님의 말씀과 여러 성경 구절은 인생의 험난한 순간을 헤쳐 나가는 데 도움이 될 것이다.

기도하는 마음으로 이 책을 자주 펼쳐 보라.

하나님은 모든 것을 거룩하게 하는 수단으로 말씀과 기도를 주셨다. 환난과 고통도 말씀과 기도로 거룩해진다. 이 책의 주제와 어울리는 위로의 기도문들을 함께 실었다. 이 책의 시작 부분에 하나의 기도문이 있고, 마지막 부분에 세 개의 기도문(일상, 아침, 저녁)과 찬송시를 실었다.

이 기도문들은 홀로 기도할 때나 여럿이서 함께 기

도할 때 모두 사용할 수 있도록 구성했다. 특히 뒷
부분에 실린 기도문들은 교독문 형태로 되어 있어
서 여럿이서 함께 기도할 때 유용하다. 한 사람이
보통 굵기로 쓰인 기도문을 읽으면, 나머지 구성원
들이 굵은 글씨로 쓰인 기도문으로 화답하는 형태
로 사용하면 좋다.

인생의 어두운 골짜기에서는 미사여구가 아니라
예수님이 필요하다. 마음을 열고 귀를 기울여 이
책을 읽으면, 예수님 안에서 위로와 위안과 평안을
발견할 것이다.

고난의 때에는 때 묻지 않은 진실이 필요하다. 세
상에는 환난이 있을 것이다. 예수님도 그렇게 말씀
하셨다. 그러나 또 하나의 진실이 있다. 예수님이
세상을 이겼다. 당신이 찾는 소망이 예수님의 십자
가와 부활에 놓여 있다.

해럴드 센크바일
2020년 오순절에

고난의 때에 드리는 기도

재난의 날에 나를 불러라.
내가 너를 구하여 줄 것이요,
너는 나에게 영광을 돌리게 될 것이다.
(시편 50:15)

주님, 당신은 우리 인생이 통과해야 할 깊은 곳을
아십니다. 우리가 그 깊은 곳을 지날 때에 우리 마
음이 늘 당신을 향하게 하소서. 우리가 환난을 당
할 때 인내하고, 곤경에 처할 때 겸손하게 하소서.
낙심하지 않고 끝까지 당신의 자비를 소망하게 하
소서. 우리 눈이 어두워지거나 가려지지 않게 하
셔서 늘 당신의 인애를 바라보게 하소서. 당신의
아들이신 우리 주 예수 그리스도의 이름으로 기도
드립니다. 아멘.

과연 우리의 문제가
믿음이 작아서일까? 아니다.
우리가 확인해야 할 것은
우리의 믿음이 얼마나 큰지가 아니라
우리가 누구를 믿는가 이다.

●

나는 몹시 화창한 봄날에 이 글의 첫 문장을 쓰고 있다. 수개월간의 자가 격리로 심신이 지쳐 버린 이곳 위스콘신 주민들에게 올봄은 마치 겨울이 계속되는 것처럼 느껴졌다. 아마도 오늘처럼 화창한 날은 처음 맞는 듯하다. 이웃들은 이른 아침부터 밖으로 나간다. 튤립과 수선화는 햇빛을 받아 하늘거리고, 작은 울새들은 새 물통에서 첨벙인다.

하지만 뭔가 이상하다는 생각이 든다.

평소보다 많은 사람이 강아지를 산책시키거나 아이를 안고 지나가고 있다. 그들은 나에게 미소 지으며 손을 흔들지만 서로에 대한 경계심을 풀지 못한다. 조깅하는 사람들은 인도를 걷는 사람들과 거리를 두기 위해 찻길에서 뛴다. 눈에 보이지도 않는 전염병을 피하기 위해 많은 사람이 공공장소에서 마스크를 쓰고 있다.

오늘 우리 집 앞에는 차들이 거의 다니지 않는다. 국제 유가가 조금 떨어지는 것 같더니, 전 세계적인 방역 조치로 인해 하락폭이 점점 커진다. 주식 시장은 이미 수개월 전에 급락했고, 이제야 회복의 기미가 조금 보인다. 하지만 전문가들은 쉽게 회복되지는 않을 것으로 전망한다. 세계 증시는 30퍼센트 이상의 가치 손실을 입었다. 실업률은 사상 최고치를 경신하고 있다. 코로나로 인한 직장 폐쇄 조치로 경제 활동이 위축되었다. 지금 폐쇄된 기업들 중 상당수는 사업을 재개하지 못할지도 모른다.

우리는 지금껏 한 번도 경험한 적 없는 신종 바이러스로 인해 전 세계적인 전염병의 대유행에 직면해 있다. 수백만 명이 이 질병에 감염되었다. 일부는 중태에 빠졌고 이미 수십만 명이 사망했다. 각국 정부는 대면 접촉을 줄이고 전염을 늦추기 위해 여행을 제한하고, 격리 조치를 취하는 등 대응에 나섰다. 이 와중에 사람들 사이에는 온갖 괴소문이 떠돌고 있다. 언론은 대중의 두려움을 부채질해서 거의 공황 상태로 만들고 있다. 하룻밤 사이에 우리가 알아 왔던 세상이 뒤집어졌다. 예전에 우리가 누리던 일상이 이제는 비현실적으로 느껴진다.

　이제 70대가 된 나와 아내는 전염병에 특히 취약하다고 한다. 장성한 자녀들은 스스로 자가 격리를 시행하고 있다. 혹시라도 자신들이 무증상 바이러스 보균자가 되어 실수로 우리를 감염시킬까 두렵기 때문이다. 이런 상황은 서로에게 무척 곤란하다. 우리 가족은 평소 애정 표현이 많은 편이 아니다. 그런데도 허공에 대고 포옹을 하는 것이 무척 어색하다. 이런 상황을 가장 견디기 힘들어 하는 이들이 바로 할머니와 할아버지들일 것이다. 우리는 여느 때와 같이 손주들을 다시 안아 볼 날이 돌아오기를 간절히 기다린다.

　기업, 정부 기관, 교회는 새로운 기술을 수용하고 디지털 연결망을 구축하여 대면 접촉을 피하고 있다. 앞으로 몇 달 안에 경제 활동은 점진적으로 재개될 거라고 한다. 그렇게 되면, 과연 우리에게 "평범한" 일상이 돌아올까? 하지만 곧장 그렇게 되리라 기대하는 이들은 거의 없다. 마치 누군가 우리 일상에 정지 버튼을 눌러 놓은 것 같다. 전염병 전문가들은 효과적인 치료 방법을 마련하고, 역학자들은 우리 삶을 혼란에 빠뜨린 감염의 확산을 예측하고 막을 방법을 찾기 위해 분주히 애쓰는 동

안, 시간만 계속 흐르고 있다

●

나는 코로나 바이러스 또는 COVID-19 팬데믹에 대해 이야기하려고 이 책을 쓴 것이 아니다. 이 책의 초점은 바로 당신이다. 나는 이 책에서 당신과 하나님의 관계에 대해 이야기해 보려고 한다. 오늘날과 같이 한치 앞도 내다 볼 수 없는 불확실한 상황에서도 변함없이 신실하신 하나님에 관해 말하려고 한다.

이 책에는 11개의 짧은 글이 실려 있다. 하나님이 보이지 않거나 느껴지지 않는다고 생각될 때에도, 변함없이 우리와의 약속을 지키시는 하나님을 의지하는 방법에 대해 당신과 이야기하려고 한다. 하나님이 신실하지 않다고 느낄 때, 불확실한 미래를 마주할 때, 의심하거나 두려워할 때 우리는 어떻게 그분을 신뢰할 수 있을까?

꼭 코로나 바이러스일 필요는 없다. 다른 질병일 수도 있다. 극심한 만성 통증일 수도 있다. 슬픔을 주체하지 못하는 상태일 수도 있고, 우울증으로 점점 쇠약해지는 중일 수도 있다. 결혼 생활에 위기가 닥쳤거나, 가족들 사이에 불화가 있을 수도 있다. 사랑하는 사람을 잃었을 수도 있다. 건강을 잃거나 어쩌면 죽음을 눈앞에 둔 상태일 수도 있다.

이 책은 당신을 소망으로 부르는 초대장이다. 이 책이 궁극적으로 믿음에 관해 이야기하고 있기 때문이다. 믿음은 기독교인에게 가장 기본이 되는 단어이다. 그러나 믿음은 눈에 보이는 것이 아니므로, 확실한 것을 아는 것과는 다르다. 성경은 우리에게 이렇게 상기시켜 준다. "눈에 보이는 소망은 소망이 아닙니다. 보이는 것을 누가 바라겠습니까? 그러나 우리가 보이지 않는 것을 바라면, 참으면서 기다려야 합니다."(로마서 8:24-25) 우리가 소망하는 무엇인가를 참으면서 기다리는 것, 그것이 바로 믿음이다. 이런 이해가 있을 때, 우리 안에 믿음이 제대로 작동하게 된다. 당신은 지금 아무런 해결책도 찾을 수 없는 막다른 골목에 서 있는가? 그렇다면 지금이 바로 당신을 도와주시는 하나님을 신뢰하는 법을 배울 때이다. 곤경에 처한 당신에게 용기와 위로를 전하고 싶다.

고난은 다양한 크기로 찾아온다. 때때로 고난은 약간의 불편을 주는 경미한 것일 수도 있다. 하지만 어떤 고난은 심각한 혼란이나 엄청난 비극을 가져오기도 한다. 하지만 고난이 크든 작든 한 가지 분명한 사실은, 고난이 우리의 주의를 집중시킨다는 점이다. 우리는 고난을 겪으며 하나님에 대해 다시금 생각하게 된다. C. S. 루이스는 오래전에 이렇게 썼다. "고통은 주의를 기울여야 한다고 주장한다. 하나님은 우리가 즐거울 때는 속삭이시며 양심에 대고 말씀하시지만, 고통 속에서는 소리치신다. 고통은 귀머거리 세상을 깨우는 하나님의 메가폰이다."[1]

오늘날 팬데믹에 대처하는 대중의 반응을 보면, 확실히 이번 재난이 우리가 살아가는 세상을 그동안의 정신적 침체에서 벗어나게 하는 모습이 보인다. 그런 면에서 개인적인 고난도 각자에게 비슷한 영향을 끼칠 것이라 예상된다. 하나님은 우리의 개인적인 고난을 통해 우리에게 소리치시지 않는가? 문제는 하나님이 무엇을 말씀하시는가 하는 것이다. 그리고 더 중요한 것은 그 말씀에 우리가 어떻게 반응할 것인가 하는 것이다.

고난은 언제나 우리가 불안을 극복하고 믿음의 확신을 가지고 하나님을 신뢰할 것을 요구한다. 바로 불안과 염려가 넘치는 그때 말이다. 그 고난이 개인적인 것인지 아니면 그 사회 전체에 주어진 것인지는 상관없다.

마태복음은 예수님의 제자들이 갈릴리 바다에서 믿음의 시험에 직면했다고 기록한다. 예수님을 모시고 호수를 건너는 도중 격렬한 폭풍이 몰아쳐 배가 물에 잠길 위기에 처했다. 제자들은 폭풍 한가운데서 잠들어 계신 주님을 발견하고 깜짝 놀라 "우리가 죽게 되었습니다" 하며 주님을 깨웠다.

재앙을 눈앞에 둔 이들은 누구라도 이렇게 반응할 것이다. 우리 모두는 개인적으로든, 공동체적으로든 고난 한가운데 섰던 경험이 있다. 그때 우리는 두려움에 떨며, 적어도 속으로는, 이렇게 외치지 않았는가? "주님, 우리가 망해 가는데 신경도 안 쓰십니까? 좀 도와주시면 안 됩니까? 주님, 살려 주세요!" 예수님은 폭풍을 잠재우시고, 궁지에 몰린 제자들을 구해 주셨다. 그런데 이렇게 구해 주시기 전에 먼저 그들을 꾸짖으셨다. "왜들 무서워하느냐? 믿음이 적은 사람들아!"(마 8:26)

마태복음을 몇 장 더 읽다 보면, 바다에서 비슷한 위험에 처한 사건을 또 만나게 된다. 이번에는 베드로가 곤경에 처했다. 제자들이 폭풍우가 몰아치는 밤바다를 건너고 있을 때였다. 갑자기 어떤 유령 같은 이가 바람에 휘날리는 파도를 타고 배를 향해 걸어오고 있었다. 제자들은 잔뜩 겁에 질렸다. 그런데 익숙한 예수님의 음성이 들렸다. "안심하여라. 나다. 두려워하지 말아라."(마 14:27) 베드로가 호기롭게 예수님에게 도전하였다. "주님, 주님이시면, 나더러 물 위로 걸어서, 주님께로 오라고 명령하십시오." 예수님이 오라고 하시자, 베드로는 한 걸음 한 걸음 물 위를 걸어갔다. 그런데 그때 베드로는 거센 바람이 불어오는 것을 보고 갑자기 가라앉기 시작했다. 그는 놀라서 울부짖으며 예수님에게 도움을 구했다. 예수님이 손을 내밀어 그를 끌어 올리시며 이렇게 말씀하셨다. "믿음이 적은 사람아, 왜 의심하였느냐?"

베드로가 의심하는 모습 속에 우리가 겹쳐져 보인다. 우리도 불확실한 상황에 처하거나 고난 앞에 설 때면 베드로처럼 의심한다. 우리에게 무슨 일이 닥칠지 몰라 불안해 한다. 때로는 그 두려움에 압도되기도 한다. 비극적인 현실과 미지의 세계를 마주할 때 두려워하는 것은 지극히 정상적인 반응이다. 이처럼 낯설고 위험천만한 일은 이전에 경험한 적이 없기 때문이다. 사실 우리 믿음은 그다지 강하지 않다. 폭풍 한가운데 있는 제자들이나, 물에 빠져드는 베드로처럼 우리도 믿음이 작은 사람들이다.

●

믿음을 대할 때 우리가 가진 흔한 오해가 여기에서 나타난다. 과연 우리의 문제가 믿음이 작아서일까? 아니다. 우리가 확인해야 할 것은 우리의 믿음이 얼마나 큰지가 아니라 우리가 누구를 믿는가 이다. 우리가 신뢰하는 주님이 중요하다. 우리는 비록 두려움과 의심을 가지고 주님에게 소리칠지라도, 주님은 반드시 들어주시고 구원해 주신다. 물론 그 방법이 우리 기대와는 조금 다를지라도 말이다. 파도 위를 걷던 베드로를 생각해 보라. 베드로는 믿음이 작았을지 모르지만, 그에게는 위대하고 전능하신 주님이 계셨다. 베드로의 믿음은 연약했을지 몰라도, 예수님의 손은 강해서 능히 그를 구원하셨다.

주님은 당신도 구해 주신다. 당신의 믿음이 작은 것은 아무런 문제가 되지 않는다. 주님은 당신의 간절한 부르짖음을 들으시고, 그분의 때에 그분의 방법으로 반드시 응답하신다. 우리 주님은 진정 우리가 기댈 수 있는 분이다.

우리가 주님과 함께 죽었으면,
우리도 또한 그분과 함께 살 것이요,
우리가 참고 견디면,
우리도 또한 그분과 함께 다스릴 것이요,
우리가 그분을 부인하면,
그분도 또한 우리를 부인하실 것입니다.
우리는 신실하지 못하더라도,
그분은 언제나 신실하십니다.
그분은 자기를 부인할 수
없으시기 때문입니다.

디모데후서 2:11-13

신실하신 그리스도

●

믿음은 주관적인 경험이다. 그래서 항상 변하는 것이 믿음이다. 때때로 믿음을 이런 식으로 생각하기도 한다. "하나님이 하늘에서 다스리시니, 이 땅에는 아무 문제가 없을 거야." 이렇게 믿는 그리스도인들은 며칠, 심지어 몇 주 동안이나 아무런 염려나, 의심 없이 잘 지내기도 한다.

하지만 일반적으로는 그렇지 않다. 우리가 강한 믿음, 회복 탄력성이 있는 믿음을 항상 유지할 수 있을까? 그렇지 않다. 믿음은 그 자체에 이미 의심이 내재되어 있기 때문이다. 논리적 추론을 통해 지식을 쌓는 방식으로 믿음을 가지게 되는 이들은 없다. 물론 하나님은 우리에게 믿음을 주시기 위해 말씀과 물, 떡과 포도주를 사용하신다. 그러나 우리는 이런 눈에 보이는 것이 아니라 보이지 않는 것을 통해 믿음을 가지게 된다. 믿음은 "바라는 것들의 확신이요, 보이지 않는 것들의 증거"이다(히 11:1).

우리는 평생 기복 있는 신앙생활을 하게 될 것이다. 오늘 정상에 올랐다가 내일 바닥으로 곤두박질칠 수도 있다. 당신도 잘 알다시피 인간의 감정은 그런 것이다. 순간적으로 일어나는 일, 심지어 달의 모양이나 대기질 같은 것도 우리 기분에 영향을 끼친다.

그렇지만 믿음을 감정이라고 단정 지을 수 없다. 물론 감정처럼 보이기도 하지만 잘 생각해 보면 그 이상임을 알 수 있다. 믿음은 하나님의 약속을 붙드는 손이다. 믿음은 신뢰, 곧 하나님과 그분의 말씀을 의지하는 것이다. 믿음은 쌍방 계약이자 상호 결합이다. 우리는 종종 흔들릴지라도 하나님은 계속해서 견고하게 이 관계를 유지하고 계신다.

이스라엘 역사와 그들의 신앙의 모습을 살펴보면, 믿음의 이런 모습이 여실히 드러난다. 하나님은 그들의 조상 아브라함을 선택하셔서, 그의 자손을 위대한 나라로 만들겠다고 약속하셨다. 하나님이 에덴동산에서 약속하신 구원자를 이스라엘의 후손으로 태어나게 하심으로 이를 이루셨다. 수세기에 걸쳐 하나님은 그들과의 언약 관계를 계속해

2. 불신

서 경신하셨고, 그때마다 수없이 반복해서 그들의 하나님이 되겠노라 약속하셨다. 그리고 이스라엘 자손들도 그때마다 하나님의 백성이 되겠노라 약속했다.

애굽에서 오랜 시간 노예 생활을 하던 이스라엘을 구원하신 일은 그중에서도 가장 놀라운 사건이다. 그들을 쫓아오는 바로의 군대를 홍해에서 몰살시키고, 이스라엘 백성이 홍해를 마른 땅같이 건너는 기적을 보여 주셨다. 그리고 무사히 도착한 시내산에서 하나님은 모세와 이스라엘 장로들에게 친히 나타나셔서 아브라함에게 처음 주신 언약을 새롭게 맺으셨다. 그들을 축복하시며 자비로운 손길로 그들을 인도하시겠다고 다시 한 번 맹세하셨다. 시내산에서 하나님은 모세를 통해 백성에게 율법을 주시고, 그들로 하여금 하나님의 백성이 되게 하셨다. 이에 이스라엘 백성은 한 목소리로 "주님께서 말씀하신 모든 것을 우리가 실천하겠습니다"라고 응답했다(출 19:8).

하지만 이스라엘 백성은 이후에 어떤 모습을 보여 주었는가?

하나님의 언약 백성의 역사를 조금만 살펴봐도 그들이 하나님과의 관계에서 얼마나 변덕스러

웠는지 알 수 있다. 그들은 애굽의 노예 생활에서 그들을 이끌어 내시고 강한 손과 뻗은 팔로 그들을 건져 주신 하나님을 거듭 배반하고, 다른 신들을 섬기기까지 했다. 그들은 반복해서 하나님의 명령을 어겼다. 그들은 반복해서 우상 숭배와 행음을 일삼는 가나안 족속의 생활 방식을 따라갔다.

신약에 오면, 하나님이 인간의 육신을 입고 직접 인류 역사에 들어오신 사건을 만나게 된다. 이제는 좀 나아졌을까? 그렇지 않다. 고대 이스라엘의 패턴은 신약의 교회에서도 그대로 이어졌다. 예수님이 친히 열두 제자를 택하셔서 새로운 이스라엘을 세우셨지만, 역시 그들의 믿음도 흔들렸다.

최후의 만찬을 마치고, 예수님은 제자들에게 한 가지 사실을 알려 주셨다. 제자들 중 하나가 자신을 배신하여 관리들에게 넘겨주고, 나머지 제자들도 자신을 버리고 도망갈 거라고 말이다. 이에 베드로는 "주님과 함께 죽는 한이 있을지라도, 절대로 주님을 모른다고 하지 않겠습니다"라고 호언장담했다(마 26:35). 다른 제자들도 똑같이 말했다. 그날 밤 베드로는 자신이 예수님을 안다는 사실을 부인했다. 바로 다음 날 골고다에서 예수님이 십자가에 못 박혀 고통스럽고 치욕스러운 죽음을 맞이하

2. 불신

실 때, 그 자리에는 요한, 예수님의 어머니, 막달라 마리아, 글로바의 아내 마리아만이 있을 뿐이었다. 나머지 제자들은 모두 예수님을 버리고 도망갔다.

●

나는 베드로와 그의 친구들을 이해할 수 있다. 어떤 때에는 나도 예수님을 절대 떠나지 않으리라, 죽음조차도 이 믿음을 방해할 수 없으리라 확신한다. 그런데 또 어떤 때에는 이런 확신을 잃어버린다. 지금까지 살아오면서 나는 숱하게 주님을 부인했다. 주님이 흘리신 피로 나를 구원해 주신 사실을 잘 알고 있는데도 말이다. 슬프게도 나의 현실이 이러하다. 주님의 계명을 지키지 못하는 일이 거듭되었다. 그분이 하지 말라고 하신 것을 행하고, 하라고 명하신 일은 하지 못했다.

저는 하나님이 중요하지 않은 것처럼, 제가 가장 중요한 것처럼 살아왔습니다. 저는 주님의 이름에 마땅히 돌려야 할 영광을 돌리지 못했습니다. 저는 온전한 예배와 기도를 올리지 못했습니다. 저는 주님의 사랑을 온전히 받아들이지 못했고, 그래서 제 이웃을 온전히 사랑하지 못했습니다. 이 세상에는 여전히 저로 인해

상처받은 이들이 있고, 제 도움을 필요로 하지만 돕지 않는 이들이 있습니다. 제 생각과 소원은 여전히 죄에 물들어 있습니다.[2]

이런 고백이 당신에게도 있을 것이다. 나는 나와 당신의 죄를 들추어 내려고 이 이야기를 꺼낸 것이 아니다. 내가 강조하고 싶은 것은 바로 우리의 믿음이 매일매일 변한다는 명백한 현실이다. 우리는 이러한 현실을 매우 자주 잊어버린다. 믿음은 주관적이고, 경험을 통해 알 수 있다. 그래서 어떤 때는 있다가도 또 어떤 때는 없기도 한다. 이런 일은 반복된다. 뜨겁기도 하고 차가워지기도 한다. 강해지기도 하고 약해지기도 한다. 굳셀 때도 있고 연약할 때도 있다.

●

그러나 믿음은 우리의 감정에 달려 있지 않다. 믿음은 하나님의 약속에 굳건히 뿌리내리고 있다. "우리는 신실하지 못하더라도, 그분은 언제나 신실하십니다. 그분은 자기를 부인할 수 없으시기 때문"이다(딤후 2:13).

고난이 닥쳤을 때 하나님을 의지할 수 있는 이유는 우리가 그분과 친밀하다고 느끼기 때문이 아니다. 하나님이 예수님으로 인해 말씀 안에서 우리와 가까이 계시기 때문이다. 앞이 보이지 않는 현실 속에서 우리는 하나님의 눈치를 살필 필요가 없다. 우리의 믿음은 흔들릴 수 있지만, 하나님의 약속은 결코 흔들리지 않기 때문이다. "하나님의 모든 약속은 그리스도 안에서 '예'가" 된다(고후 1:20).

인생의 힘든 순간에 당신의 믿음이 아니라 하나님의 신실하심에 집중하라. 당신이 하나님께 했던 약속이 아니라, 하나님이 당신에게 주신 사랑의 약속을 바라보라. 그 약속에는 당신의 이름이 포함되어 있으니 안심하기 바란다.

그러면 당신의 신앙이 계속해서 감정 롤러코스터에 휘둘리는 데서 벗어나게 될 것이다. 그리고 하나님의 영원한 영광을 바라보며 자신 있게 "아멘"을 외치게 될 것이다.

그들이 부르기 전에 내가 응답하며,
그들이 말을 마치기도 전에
내가 들어주겠다.

이사야 65:24

편드시는 그리스도

●

고통스러운 일을 겪을 때, 보통 가장 먼저 드는 생각은 '왜 하필 나일까?'이다. 그런데 당신은 이런 질문이 과연 타당한 것인지 생각해 본 적이 있는가? 우리가 당연하게 여기는 이런 질문이 가능한 이유는 우리에게 있는 한 가지 고정관념 때문이다. '하나님은 우리를 행복하게 해주시는 분이다.' 하나님은 하나님이시니까. 하나님은 우리의 모든 것을 알고 계시니까. 그러니 곤경에 처해 있는 우리가 결코 즐겁지 않으리라는 것도 잘 알고 계시지 않느냐는 것이다.

그런 하나님이 우리에게 이런 고난을 허락하신다는 것을 이상하게 여기는 것은 당연해 보인다. 그리고 아마도 우리가 이렇게 생각하게 된 데에는 그만한 이유가 있을 것이다. 성경에 분명 태초에 하나님이 창조하신 세상이 참 좋았다고 했으니 말이다. 그런데 바로 이어서 나오는 이야기는 잘 기억하지 못한다. 한 사람으로 말미암아 죄가 세상에 들어오고, 그 결과 사망이 들어왔다는 것 말이다. 모든 사람이 죄를 지었기 때문에, 마치 펜데믹이 온 세계에 퍼진 것처럼 죽음이 온 인류에게 퍼진 것이다(롬 5:12).

고통도, 죽음도, 멸망도 없는 하나님의 순수한 창조 세계는 오래전에 사라졌다. 이 지구는 여전히 살기 좋은 곳이다. 하지만 우리가 지금 보고 있는 이 아름다운 세상은 불행, 고난, 질병, 재난, 그리고 죽음으로 가득 차 있다.

하나님은 자비하셔서 매사에, 심지어 슬픔과 고통까지도 자신이 사랑하는 자들의 유익을 위해 일하신다(롬 8:28). 그런데 끔찍한 진실은 우리가 경험하는 모든 불행 또한 하나님의 은혜로운 손에서 비롯된다는 것이다. 하나님도 그렇게 말씀하셨다. "나밖에는 다른 신이 없다. 나는 죽게도 하고 살게도 한다. 나는 상하게도 하고 낫게도 한다. 아무도 내가 하는 일을 막지 못한다."(신 32:39)

무척이나 가혹하게 들린다. 나도 당신만큼이나 이런 사실을 받아들이기 어렵다. 아내와 나의 가장 친한 친구는 사고와 질병으로 갖게 된 만성 통증을 안고 하루하루를 살아가고 있다. 나는 그들의 고통을 잠시라도 덜어 줄 수만 있다면 뭐든 하고 싶다. 하지만 내가 할 수 있는 게 없다. 당신도 마찬가지일 것이다. 여기에 우리의 절망이 있다. 인간적으로 말해서, 이 망가진 세상에는 우리가 절대로 고칠 수 없는 것들이 있다. 우리가 징징거려 봤자 아무 소용 없다. 하지만 내가 추천할 수 있는 다른 방법이 있다.

징징거리는 대신 애통해 보라.

●

성경의 찬송가인 시편에서 약 3분의 1이 애가라는 사실을 알고 있는가? 당신은 그 중 몇 곡을 외우고 있을지도 모른다. "나의 하나님, 나의 하나님, 어찌하여 나를 버리십니까?"(시 22) "하나님, 어찌하여 우리를 이렇게 오랫동안 버리십니까?"(시 74) "내 영혼아, 네가 어찌하여 그렇게 낙심하며, 어찌하여 그렇게 괴로워하느냐?"(시 42) "하나님, 나를 변호하여 주십시오. 비정한 무리를 고발하는 내 송사를 변호하여 주십시오."(시 43)

이 시편의 애가는 하나님께 탄원하는 방법을 가르쳐 준다. 탄원하는 것은 징징대는 것과는 다르다. 당신은 본인의 의료 기록을 읽어 본 적이 있는 가? 거기에 기록된 내용은 모두 어디가 어떻게 아 픈지에 대한 내용이다. 병원에 가서 당신은 아프다 고 징징대지 않는다. 다만 어디가 얼마나 아픈지, 어쩌다가 다치게 되었는지를 설명할 뿐이다. 당신 은 자신의 상태를 누군가가 유심히 살펴봐 주어야 한다는 것을 알기 때문이다. 치료받는다고 해서 증 상이 사라진다는 보장은 없다. 어떤 증상은 계속 남아 있기도 한다. 그럼에도 당신은 무언가를 해 줄 수 있는 사람을 찾아간다.

마찬가지로 애통은 우리가 처한 상황을 하나 님이 주목해 주시기를 구하는 것이다. 당신이 지 금 고통 중에 있고, 이것이 결코 달갑지 않다는 사 실을 하나님은 이미 알고 계신다. 이런 비참한 상 황에 처할 때에야 비로소 우리는 우리가 자존자가 아님을 인정하게 된다. 우리는 생명 자체를 주님께 의탁하고 살아간다. 그러나 때로는 무서운 재앙이 닥쳐서야 그 의존성을 깨닫고 애통하는 지경에 이 르게 된다. 그래서 이러한 애통은 믿음을 일깨우는 비명이다.

이렇게 해서 은혜로우신 하나님은 당신의 상처 와 불행을 하나님에게 가져오도록, 하나님에게 탄원하도록 당신을 초청하신다. 지금 겪고 있는 일들이 당신에게는 너무나 크고 버거운 일이라도 상관없다. 애초에 고난과 비극을 우리 스스로 극복할 수 있는 방법은 없다. 이러한 어려움들을 우리 안에 가두어 두지 않는 것이 중요하다. 사랑이 넘치는 평범한 아버지처럼 하나님도 자비로우시다. 이 하나님이 대화하자고 당신을 부르실 때, 당신은 어린아이처럼 그분의 무릎에 기어들어가 애통이라는 방법으로 아픈 곳을 정확히 말하고 도움을 요청하면 된다. "내 생명을 건져 주십시오. 주님의 자비로우심으로 나를 구원하여 주십시오."(시 6:4)

●

불행이 닥쳤을 때에도 하나님이 은혜로우시다고 믿는 것, 이것이 가장 어렵다. 우리는 논리적으로 만일 하나님이 전능하시다면 애초에 이런 곤경이 닥쳐서는 안 된다고 생각하곤 한다. 이렇게 생각하면, 하나님은 우리를 도울 능력이 없으시거나 혹은 우리에게 관심이 없으신 것처럼 보일 뿐이다.

그렇기 때문에 항상, 특히 비극의 주인공이 된 때라면, 우리의 추측이 아니라 하나님의 확실한 말씀에 의지해야 한다. 우리가 경험하는 고난만 바라보고 있으면, 하나님의 변함없는 사랑은 보이지 않을 것이다. 우리의 고통과 비참만 보고 있으면 하나님이 우리에게 화나신 것이 분명하다고 생각하기 쉽다.

하나님이 인간의 고통을 어떻게 바라보시는가 하는 문제는 우리의 경험이 아니라 십자가에 달리신 예수님의 경험에서 드러난다. 그곳에서 하나님이 사랑하시는 아들은 자신의 몸과 마음과 영혼에 엄청난 고통을 받아 내셨다. 죄로 인해 하나님께 나아갈 수 없는 인간을 하나님과 화해시키려고, 죄 없는 자신을 속죄 제물로 드린 것이다(벧전 3:18). 피 냄새가 진동하고, 유혈이 낭자하고, 극심한 고통으로 인한 혼란의 도가니가 바로 십자가 처형이다. 그런 육체적, 정신적 고통 중에 예수님도 하나님이 자신을 버리셨다고 느끼셨다. 십자가에서 예수님은 울부짖으셨다. "나의 하나님, 나의 하나님, 어찌하여 나를 버리셨습니까?"(마 27:46)

고난의 때에 우리에게는 소망이 있다. 그리스도께서 우리의 불행 가운데 함께하시고, 그가 고통받으심으로 우리의 아픔마저 거룩하게 하시기 때문이다. 예수께서 대신 버림받으셨기에 우리는 결코 버림받지 않을 것이다. 예수님 때문에 하늘에 계신 우리 아버지께서 우리를 그의 품에 감싸 안으셨다. 그 참혹한 금요일, 마지막 숨을 거두시기 전에 예수님은 간절한 믿음으로 자신의 영혼을 사랑하는 아버지 손에 맡기셨다(눅 23:46).

예수님 덕분에 우리에게는 불평과 불행을 털어 놓을 수 있는 사랑 많은 아버지가 계시다는 사실을 확신할 수 있다. 예수님도 그렇게 행하셨기 때문이다. 당신에게 해결책이 안 보일 때도 있을 것이다. 그러나 이때에도 당신의 기도는 결코 허공에 외치는 공허한 말이 아니다. 당신이 여전히 고통 속에 있다 해도, 당신은 당신 자신을, 몸과 영혼을, 그리고 모든 것을 그분의 보살핌에 맡길 수 있다. 예수님으로 말미암아 하늘에 계신 우리 아버지가 우리를 열렬히 사랑하시고, 우리가 고통을 겪는 내내 우리를 지켜보고 계실 것을 믿을 수 있다.

당신이 겪는 상처로 인해 애통하라. 동시에 십자가를 닮은 하나님의 사랑을 신뢰하라. 그렇게 할 때 당신은 믿음으로 가득한 소망 가운데 당신의 인생을 견뎌 내게 해달라고 당당하게 구할 수 있다.

주님, 돌아와 주십시오. 언제까지입니까?
주님의 종들을 불쌍히 여겨 주십시오.

아침에는 주님의 사랑으로 우리를 채워 주시고,

평생토록 우리가 기뻐하고 즐거워하게 해주십시오.

우리를 괴롭게 하신 날 수만큼,

우리가 재난을 당한 햇수만큼,

우리에게 즐거움을 주십시오.

주님의 종들에게 주님께서 하신 일을 드러내 주시고,

그 자손에게는 주님의 영광을 나타내 주십시오.

주 우리 하나님, 우리에게 은총을 베푸셔서,

우리의 손으로 하는 일이 견실하게 하여 주십시오.

우리의 손으로 하는 일이 견실하게 하여 주십시오."

(시 90:13-17)

그리스도의 고난이
우리에게 넘치는 것과 같이,
그리스도로 말미암아
우리의 위로도 또한 넘칩니다.

고린도후서 1:5

위로하시는 그리스도

●

미국에서 기독교인들 사이에 유행했던 팔찌가 있다. 그 팔찌에는 "WWJD"(What would Jesus do? 예수님이라면 어떻게 하셨을까?)라는 문구가 새겨져 있다. 질문 내용이 참 좋다. 어떤 의사결정을 내려야 할 때 이런 질문을 사용하는 것은 나쁘지 않아 보인다. 그리스도인들이 세상을 살아가면서 만나는 모든 사람에게 예수님의 사랑과 돌봄을 보여 준다면 분명 이 세상은 훨씬 좋게 변하지 않을까? 나는 두 가지 상황에서는 이 질문이 정말 필요하다고 생각한다. 이웃에게 한마디 하고 싶을 때라든지, 배우자에게 뭔가를 요구하고 싶을 때 말이다. 정말로 예수님이라면 이럴 때 어떻게 하셨을까?

그러나 "예수님이라면 어떻게 하셨을까?"라는 질문에는 성경에 나타난 예수님에 대한 기록을 지나치게 단순화시키는 문제가 있다. 예수님은 다양한 상황에서 다양한 방식으로 대응하셨다. 성전에서 돈 바꾸어 주는 사람들에게는 채찍을 휘두르셨지만(요 2:15), 겟세마네 동산에서 폭력을 휘두르는 베드로는 꾸짖으셨다(마 26:52). 베다니에서 자신의 머리에 값비싼 향유를 아낌없이 부은 여인을 칭찬하셨을 뿐 아니라(마 26:6-13), 헌금함에 두 렙돈을 넣은 가난한 과부도 칭찬하셨다(눅 21:1-4). 예수님은 사람의 마음을 꿰뚫어 보시지만 우리는 그렇게 하지 못한다. 그러므로 우리로서는 예수님이 어떤 상황에서 어떻게 행동하실지 짐작하는 건 사실상 불가능하다.

그러나 언제나 적용 가능한 "WWJD"가 한 가지 있다.

예수님이라면 어떻게 하셨을까? 그분이라면 기꺼이 고난받기를 택하셨을 것이다. 우리가 그리스도인으로서 고난당할 때, 예수님이라면 하셨을 그 선택을 우리도 하고 있음을 의심치 말아야 한다. 예수님도 마땅히 그리 하셨으니까! 그렇다고 예수님이 일부러 고통을 찾아 즐기시는 분이신 것은 아니다. 예수님이 고통당하신 것은 우리를 얻기 위해서였다. 예수님은 잃어버린 자를 찾아 구원하시기 위해 오셨으며, 인류를 죄와 사망과 지옥의 속박에서 해방시키기 위해 자신의 목숨을 대속물로 바치셨다.

●

예수님이 우리를 찾아 구원하시는 일은 큰 대가를 치러야 하는 일이었다. 로마의 십자가 처형은 결코 인도적이지 않았다. 로마는 속국의 백성을 복종시키기 위해 의도적으로 야만적인 제도를 도입한 것이다. 그래서 로마 시민권자에게는 이런 잔인한 사형 방식이 적용되지 않았다. 십자가 형벌이 진행되는 모습은 복음서에 나오는 예수님의 모습에서 볼 수 있다. 죄수는 십자가에 달리기에 앞서 대개 옷이 모두 벗겨진 다음 무자비하게 채찍질당한다. 발가벗겨진 채로 십자가에 달려서 치욕스럽게 죽어간다. 이 십자가에는 못이 박혀 있어서 숨을 쉬려고 몸을 일으키면 살이 그 못에 찔려 극심한 고통을 겪게 된다. 그래서 숨조차 제대로 쉴 수 없다. 이렇게 죄수는 수일간 십자가에 달려 배고픔과 수모 속에 고통받다 질식으로 사망하게 된다.

예수님이 이렇게 끔찍한 죽음을 당하셨다. 그런데 예수님의 보혈, 그분이 십자가에서 쏟으신 피는 이 일로 말미암아 이루어진 진짜 사건에 비하면 빙

산의 일각에 불과하다. 19세기 찬송가 작사가 토마스 켈리는 이를 잘 표현했다.

> 그를 상하게 하려는 손은 많았으나
> 그를 구하려 손 내미는 이는 없었네
> 그를 가장 깊게 못 박았던 것은
> 정의가 가한 일격이었네.[3]

예수님이 거룩하고 보배로운 피를 흘리시고, 죄 없는 몸으로 이런 고통과 죽음을 감당하신 이유가 무엇인가? 바로 우리 모두를 향한 하나님의 진노를 홀로 감당하시기 위해서였다. 예수님은 세상 죄를 지고 가는 하나님의 속죄 양이었다. 이 십자가 위에서 인류를 위한 속죄 제사가 드려졌다. 예수님은 자신의 몸으로 인류의 모든 죄의 무게를 짊어지셨다. 우리가 지은 죄에 대한 형벌을 예수께서 대신 받으신 것이다. 이제 우리 죗값은 완벽하게 지불되었다. 예수님의 죽으심은 하나님이 요구하시는 정의를 완벽하게 만족시켰다. 마침내 예수님은 십자가에서 마지막으로 승리의 외침을 외치고 운명하셨다. "다 이루었다."(요 19:30)

예수님이 자신의 몸과 영혼에 놓인 고통스러운

비극을 끝내면서 이렇게 외치셨다는 사실이 이상하게 느껴지는가? 사실 예수님은 일평생을 아버지의 뜻을 이루기 위해 사셨다. 그분은 처음부터 잃어버린 자들과 정죄받을 세상을 구원하러 이 땅에 왔다는 것을 아셨다. 그분은 착실하게 자신에게 주어진 과업을 이루어 가셨다. 그리고 이를 위해 자신이 치러야 할 대가가 무엇인지 충분히 알고 계셨다.

죽기 전날 밤, 예수님은 사명을 완수할 다른 방법을 찾아 달라고 간구하셨다. 그런 길이 있다면 말이다. 그러나 결국 겸손하신 예수님은 "그러나 내 뜻대로 되게 하지 마시고, 아버지의 뜻대로 되게 하여 주십시오"(눅 22:42)라고 기도하셨다. 하나님의 뜻은 먼저 예수님을 십자가로 이끄는 것이었다. 그곳에서 고통과 죽음을 통과하게 하셨다. 그러나 그 뜻의 종착지는 부활 승리의 기쁨이었다.

그러므로 히브리서 저자가 그리스도인의 고난을 기쁨으로 표현한 것은 당연한 일이다.

우리 앞에 놓인 달음질을 참으면서 달려갑시다. 믿음의 창시자요 완성자이신 예수를 바라봅시다. 그는 자기 앞에 놓여 있는 기쁨을 내다보고서, 부끄러움을 마

음에 두지 않으시고, 십자가를 참으셨습니다. 그리하여 그는 하나님의 보좌 오른쪽에 앉으셨습니다.

(히 12:1-2)

예수님은 평생의 달음질 끝에 승리를 쟁취하셨다. 그의 생애와 사역을 통해 이루고자 했던 바를 이루셨다. 우리 죄에 대한 대가를 치르시고 인류를 죄와 사망과 지옥의 손아귀에서 벗어나게 하신 것이다. 이제 우리도 고난 속에서 기쁨을 찾을 수 있게 되었다. 그 고난이 예수님의 고난으로 싸여 있다면 말이다.

●

당신이 겪는 육체적, 혹은 정서적 고통은 그리스도의 고통 속에서 그 의미를 찾을 수 있다. 물론 당신이 당하는 고통은 당신 자신이나 다른 누군가의 죄의 대가가 아니다. 우리 죄에 대한 대가는 이미 지불되었다. "하나님께서는 죄를 모르시는 분에게 우리 대신으로 죄를 씌우셨습니다. 그것은 우리가 그리스도 안에서 하나님의 의가 되게 하시려는 것입니다."(고후 5:21)

여러분이 개인적으로 당하는 고난은 그리스도

께서 사랑하시는 모든 이의 공동체적 경험 속에서 의미를 찾을 수 있다. 바울은 자신이 사역을 하면서 맞닥뜨린 고난에 대해 이야기하면서, 그리스도인이 고난당하는 것이 일반적인 일이라고 보았다. 그는 자신에게 발생한 개인적 문제들이 전체 교회뿐만 아니라 예수님의 고난과도 신비하게 연결되어 있다고 보았다. "이제 나는 여러분을 위하여 고난을 받는 것을 기쁘게 여기고 있으며, 그리스도의 남은 고난을 그분의 몸 곧 교회를 위하여 내 육신으로 채워 가고 있습니다."(골 1:24)

폭풍우가 몰아치는 상황에서도 평정심을 유지하고, 고통의 한가운데서도 끈질기게 소망을 찾을 수 있는 비결이 있다. 바로 당신의 고난을 예수님과 개인적으로 관계를 맺는 기회로 삼는 것이다. 예수님은 "간고를 많이 겪었으며 질고를 아는 자"(사 53:3, 개역개정)이시다. 그래서 그분은 당신이 고통당할 때 결코 당신 혼자 두지 않으시고, 당신과 함께 계신다. 그분은 당신보다 앞서서 당신이 겪는 불행의 무게를 짊어지셨다. 당신과 동일한 인간의 몸으로 그 상황을 견뎌 내셨다. 그러므로 당신의 고난은 예수님 안에서 성화된다. 예수님께서 당신과 함께하시기에 당신은 정서적, 육체적 고난을 견려 낼 수 있다. 우리에게 그것을 홀로 감당해 낼 근성과 결단력이 있어서 견딜 수 있는 것이 아니다. 예수님은 우리가 상상으로 만들어 낸 구원자가 아니라 우리와 똑같이 살과 피와 신경을 가진 구원자이시다. 그분은 우리가 가진 삶의 무게와 근심, 걱정을 경험으로 알고 계신다. 그런 예수님이 그 모든 걱정과 무게를 가지고 나아오라고 우리를 초청하신다. "수고하며 무거운 짐을 진 사람은 모두 내게로 오너라. 내가 너희를 쉬게 하겠다. 나는 마음이 온유하고 겸손하니, 내 멍에를 메고 나한테 배워라. 그리하면 너희는 마음에 쉼을 얻을 것이다. 내 멍에는 편하고, 내 짐은 가볍다."(마 11:28-30)

●

나는 살아오면서 수많은 고통을 보았다. 극도의 고통에 빠진 교우들의 곁을 지켰고, 몹시 괴로워하는 신자들을 품에 안아 주기도 했다. 어떤 때는 임종을 지키기도 했다. 만삭 사산아의 관을 작은 무덤으로 옮길 때 슬픔에 잠긴 부모와 영문도 모르는 어린 형제자매들이 내 뒤를 따랐던 적도 있다. 사랑하는 아내와 나의 가장 친한 친구가 매일 견뎌야 했던 극심한 통증에 대해서는 이미 앞에서 이야기했다.

중독, 학대, 질병, 외로움은 고통으로 가득한 세상에서 우리가 볼 수 있는 슬픔과 불행의 몇 가지 표본일 뿐이다. 당신이 겪는 고통의 목록을 얼마든지 여기에 추가할 수 있다. 인생은 결코 쉽지 않다. 때로는 정말 힘들고, 어떨 때는 도무지 견딜 수 없을 것 같기도 하다. 그래서 "내 멍에는 편하고, 내 짐은 가볍다"고 말씀하신 예수님에게 따지고 싶은 날도 생긴다.

나는 당신이 이렇게 따져 묻는 것도 좋다고 생각한다. 당신의 아픔은 그저 묻어 두자는 것이 내가 말하는 바가 아니기 때문이다. 나는 당신이 그 아픔을 은혜와 감사로 헤쳐 나갈 수 있도록 돕고 싶다. 우리는 지금 그런 자리를 향해 나아가는 중이다. 다만 여기에서는 한 가지 사실만은 확실히 기억하자. 예수님이 우리와 함께 가신다는 것이다. 이 예수님은 우리가 걷는 그 길을 우리보다 앞서 지나가셨던 분이다. 이 예수님에게 가까이 다가가면, 우리는 고난 중에도 위로를 얻게 될 것이다. "그리스도의 고난이 우리에게 넘치는 것과 같이, 그리스도로 말미암아 우리의 위로도 또한 넘칩니다."(고후 1:5)

다만 명심하라. 위로받는 것이 곧 마음이 편해지는 것을 의미하는 것은 아니라는 것을. 위안을 찾았다고 해서 꼭 고통에서 해방되는 것이 아니다. 그 대신 위로를 받으면 우리가 개인적인 불행이나 고통으로 힘겨워할 때 우리가 홀로 있지 않다는 것을 깨닫게 된다. 우리가 상처 입을 때 그 옆에 우리와 함께 아파하는 이가 있다. 이것이 신약에서 말하는 '위로자', 곧 우리와 함께 부르심을 받아 고난 속에 놓인 우리를 지탱해 주는 사람이다. 그리스도인은 최고의 위로자이신 우리 주 예수 그리스도에게 위로받은 자들이다. 그래서 그리스도인은 고난의 시기에 자신이 받은 최고의 위로를 서로에게 전해줄 수 있다.

바울은 이렇게 말한다.

우리 주 예수 그리스도의 아버지이신
하나님을 찬양합시다.
그는 자비로우신 아버지시요,
온갖 위로를 주시는 하나님이시요,
온갖 환난 가운데에서
우리를 위로하여 주시는 분이십니다.
따라서 우리가 하나님께 받는 그 위로로,

우리도 온갖 환난을 당하는 사람들을
위로할 수 있습니다.
그리스도의 고난이 우리에게 넘치는 것과 같이,
그리스도로 말미암아 우리의 위로도 또한 넘칩니다.
우리가 환난을 당하는 것도
여러분이 위로와 구원을 받게 하려는 것이며,
우리가 위로를 받는 것도
여러분이 위로를 받게 하려는 것입니다.
여러분은 이 위로로, 우리가 당하는 것과
똑같은 고난을 견디어 냅니다.
우리가 여러분에게 거는 희망은 든든합니다.
여러분이 고난에 동참하는 것과 같이,
위로에도 동참하고 있음을 우리는 알고 있습니다.

(고후 1:3-7)

모든 통치자들과 권력자들의
무장을 해제시키시고,
그들을 그리스도의 개선 행진에
포로로 내세우셔서,
뭇 사람의 구경거리로 삼으셨습니다.

골로새서 2:15

왕 되시는 그리스도

●

그리스도인들의 집에는 대부분 십자가가 있다. 십
자가상을 걸어두거나, 십자가가 그려진 성화를 걸
어두기도 한다. 또 몸에 십자가 목걸이같이 십자가
를 이용한 장신구를 착용하기도 하고, 심지어 십자
가 문신을 새기기도 한다. 아마도 사람들은 이 십
자가들에서 저마다 다른 의미를 발견할 것이다. 그
런데 모든 십자가는 한 가지 공통된 의미를 가진
다. 바로 이 십자가에 기독교 신앙의 본질이 농축
되어 있다는 사실이다. 못 박히신 예수님 형상이
있는 십자가든, 그것이 없는 빈 십자가든 마찬가지
다. 모든 십자가에는 그리스도인이 바라는 소망의
핵심이 담겨 있다. 예수께서 십자가에 못 박혀 죽
으시고, 죽은 자들 가운데 부활하셨다. 이 예수님
을 믿는 모든 죄인은 용서받고, 영원한 생명으로의
부활을 약속받는다.

십자가는 구원의 상징이다.

그리스도를 전하는 것은 언제나 그분의 십자가를 전하는 것이다. 사도 바울은 고린도 교회 교인들에게 이 점을 상기시켜 주었다. "형제자매 여러분, 내가 여러분에게로 가서 하나님의 비밀을 전할 때에, 훌륭한 말이나 지혜로 하지 않았습니다. 나는 여러분 가운데서 예수 그리스도 곧 십자가에 달리신 그분밖에는, 아무것도 알지 않기로 작정하였습니다."(고전 2:1-2)

기독교 복음은 투박하다. 그래서 이른바 교양 있는 사람들이 기독교를 경멸하는 것도 이해된다. 십자가는 불편하게 한다. 십자가 처형 장면에는 인간의 살과 피, 못과 창과 나무, 피와 땀과 침처럼 지극히 더럽고 불결한 것들이 등장한다. 하나님이 자신의 고결한 목적을 이루기 위해 예수님을 가장 비천한 자리로 보내시고, 이렇게 역겨운 상황을 통과하게 하셨다는 사실이 우리에게 매우 거슬린다.

예수님이 선포하는 복음에서는 모든 것이 뒤집어지고 위아래가 바뀐다. 이 세상에서는 승자가 모든 것을 독식하지만, 하나님 나라에서는 가장 높은 자가 가장 낮은 자리에 앉는다. "누구든지 자기를 높이면 낮아질 것이요, 자기를 낮추면 높아질 것이다."(눅 14:11) 그러므로 예수님을 따르는 사람은 누구든지 자신의 가치관을 급진적으로 조정해야 한다.

> **예수께서 제자들과 함께 무리를 불러 놓고 그들에게 말씀하셨다. 나를 따라오려고 하는 사람은, 자기를 부인하고, 자기 십자가를 지고, 나를 따라오너라. 누구든지 제 목숨을 구하고자 하는 사람은 잃을 것이요, 누구든지 나와 복음을 위하여 제 목숨을 잃는 사람은 구할 것이다.**
>
> (막 8:34-35)

자기를 부인하고 자기 십자가를 진다는 것은 무엇을 의미할까? 어떤 이들은 부와 명예를 버리고 예수님의 이름으로 가난하고 궁핍한 이들을 섬기기 시작한다. 또 다른 이들은 유망한 분야의 안정적인 직업을 포기하고, 신학교에 진학하여 복음을 전하고 성도를 돌보는 법을 배운다. 또 매일같이 신체 장애나 만성 질환에 맞서 싸우며 일상을 살아 내는 이들도 있다. 몇몇은 유행하는 문화를 따르기보다 성경의 진리를 고수한다는 이유로 무시당하고, 편협한 자요, 비방꾼이라고 조롱당한다. 이러한 다양한 사례는 그리스도인의 삶이 전복적이라는 큰 패턴에 잘 들어맞는다. 바로 예수님의 십자가의 패턴을 따르는 삶이다. 그분은 져서 이기셨다. 십자가에서 죽으심으로 우리 모두를 위한 생명을 쟁취하셨다. 그러므로 우리도 죽어서 산다. 예수님의 부르심을 좇아가는 길에 비록 고통과 불행과 상실이 놓여 있다 할지라도, 우리는 그분을 따라간다.

누구에게나 십자가는 도전의 상징이다.

예수님의 부르심에 응답하여, 각 세대의 사람들은 말과 행동으로 담대히 신앙을 고백했다. 그로 인해 치러야 할 대가로는 그들을 막을 수 없었다. 제자도의 대가를 생각할 때면 한 장면이 생생하게 떠오른다. 주황색 죄수복을 입은 젊은 그리스도인 순교자들이 북아프리카의 한 해변에 무릎 꿇고 있는 모습이다. 제자도의 대가는 이처럼 엄청난 것일 수 있다. 그러나 그리스도의 증인이 되는 것이 꼭 순교자로서의 부르심을 뜻하는 것은 아니다. 또한 예수님을 섬기기 위해 목사나 선교사, 하다못해 사회복지사라도 되어야 하는 것도 아니다. 그리스도인은 매일의 일상에서 자신이 가진 이기적인 동기보다 예수님과 그의 나라를 더 중요하게 여기고

(다른 말로 자기를 부인하고), 그가 이끄시는 데로 따르라는 도전을 받는다. 이것이 모든 그리스도인이 매일매일 주어지는 일상에서 따라야 하는 부르심이다.

예수님은 우리를 불러서 자신을 따르게 하신다. 이 부르심에서 우리가 처한 상황이나 우리가 평소에 하는 일은 전혀 고려되지 않는다. 때로는 우리 스스로는 절대 가지 않을 곳으로 인도하시기도 한다. 나이가 많든 적든, 기혼이든 미혼이든, 직업이나 사회적 역할이 무엇이든 예수님의 초대는 매우 도전적이다. "네 자신을 부인하라"고, "네 십자가를 지고 나를 따르라"고 말씀하신다.

십자가에 관한 부분만 뺀다면, 예수님을 따라가기가 훨씬 수월해질 것이다. 하지만 예수님은 십자가와 떼려야 뗄 수 없는 분이다. 십자가가 곧 예수님이라고 이야기할 수도 있다. 그래서 예수님의 제자도에는 자기 부인과 고난이 필수적이다. 예수님의 제자가 되려는 이들은 십자가를 피해 갈 수 없다.

만약 십자가가 없었다면 과연 예수님이 구원자라고 할 수 있을까? 우리가 죄와 사망과 지옥의 굴레에서 구원받은 이유는 바로 예수님이 십자가에서 죽으셨기 때문이다. 십자가는 우리를 그 속박에서 풀어 주시기 위해 예수님이 치르신 대가이다. 우리는 우리가 지은 죄로 인해 하나님의 심판대에서 정죄받아 마땅한 죄인이다. 그런데 이 정죄가 취소된 것이다. 예수께서 우리를 속량하기 위해 십자가에서 죽으셨기 때문이다. 그것을 십자가에 못 박으셔서, 우리 가운데서 제거해 버리셨다(골 2:14). 그뿐 아니라 십자가를 지심으로 예수님은 사탄과 마귀 무리를 완전히 무찔렀다. "모든 통치자들과 권력자들의 무장을 해제시키시고, 그들을 그리스도의 개선 행진에 포로로 내세우셔서, 뭇 사람의 구경거리로" 삼으셨다(골 2:15).

예수 그리스도께서 우리를 위해 자기 목숨을 버리셨다. 그로 말미암아 부활을 믿는 모든 죄인에게는 용서, 그리고 영원한 기쁨과 행복이 준비되어 있다. 예수님의 십자가는 사실상 그렇게 나쁜 것이 아니다. 그 십자가를 지심으로 예수님이 온 인류에게 구원을 가져오셨으니 말이다.

●

마지막으로 십자가는 주인 됨의 상징이다. 나와 당신이 우리 앞에 놓인 십자가들을 짊어질 때, 오히려 새로운 소망을 발견하게 된다는 사실은 매우 역설적이다. 만일 우리의 이기적인 성향을 따라 우리가 보기에 좋아 보이는 것들만 하면서 살아간다고 생각해 보라. 그렇게 계속 살면 우리가 사랑하는 사람들은 우리 옆에 남아 있지 않을 것이다. 더 나아가 하나님으로부터도 멀어지게 될 것이다. 그래서 우리가 그리스도인답게 고난을 마주한다면, 십자가가 바로 하나님이 우리를 치료하실 때 사용하시는 사랑의 도구였음을 깨닫게 될 것이다.

주님이 당신을 가까이에 두시려고 곤경에 빠뜨릴 때가 있다. 나는 이런 일을 나와 내가 돌보던 이들의 삶 속에서 수없이 보아 왔다. 이런 이해가 우리 생각과는 정반대라는 것을 나도 알고 있다. 그러나 우리 눈에는 뒤집혀 보이는 것이, 실제로 예수님 편에서 보면 바르게 서 있는 경우가 많다는 것을 생각해 보면, 충분히 이해할 만하다. 갈보리 십자가는 비극으로 보였지만, 사실 그 안에는 승리가 숨겨져 있었다. 패배처럼 보이는 십자가를 보고 원수들은 조롱했지만, 예수님은 그 십자가를 통해 사탄의 모든 세력을 물리치시고 영원한 승리를 이루셨다.

당신이 십자가를 질 때도 똑같은 일이 일어날 것이다. 이기면 지게 된다. 그러나 당신이 예수님을 위하여 지면 이기게 된다. 겸비하게 되면 예수님은 낮은 자를 높여 주신다. 베풀면 얻게 된다. 다른 이를 용서하면 내가 용서받는다. 죽으면 영생을 얻게 된다.

그러니 힘들고 지칠 때일수록 정말 중요한 것이 무엇인지를 더 명확하게 볼 수 있다는 사실에 놀라지 말라. 인생의 풍랑 속에서 닻을 내릴 곳을 찾고 있다면, 보혈과 십자가로 당신을 사신 예수 그리스도를 바라보라. 자기를 부인하고 자기 십자가를 지고 주님이 가신 길을 따르는 것이 무엇을 의미하는지 경험할 때 예수님을 더 잘 알게 될 것이다. 십자가의 길을 걷는 이들에게는 두려움이 빈번하게 찾아온다. 그러나 그 길의 끝에는 영원한 본향이 당신을 기다리고 있다.

예수님의 고난에 참여하라. 그리고 예수님의 죽으심까지 본받으라. 그러면 당신은 지금 여기에서 예수님을 알게 되고 그분의 부활의 능력을 경험하게 될 것이다. 그리고 마침내 모든 믿는 자가 부활할 때에 우리 모두가 그 영광스러운 자리에 참여하게 될 것이다(빌 3:10-11).

단언컨대, 십자가가 먼저다. 그 후에 면류관이 따라온다.

주님, 내 기력이 쇠하였으니,
내게 은혜를 베풀어 주십시오.
내 뼈가 마디마다 떨립니다.
주님, 나를 고쳐 주십시오.

시편 6:2

능력 되시는 그리스도

●

살다 보면 나도 모르는 사이 힘든 날이 슬그머니 찾아올 때가 있다. 분명 별일 없이 잘 지내고 있었는데, 어느 순간 수렁에 빠진 자신을 보게 된다. 그렇게 찾아온 폭풍우는 한동안 지속되다가 지나간다. 그런데 경험상 이런 폭풍우는 한 번으로 끝나지 않을 때가 많다. 연달아 새로운 폭풍우가 그 자리를 대신해 가며 우리를 괴롭힌다. 어렵고 불확실한 상황들, 상실과 고난의 시간들이 계속 이어진다는 것이 어떤 것인지는 당신도 잘 알 것이다.

재앙이 작심하고 나를 노리고 있는 것은 아닌가 하는 생각마저 들기 시작한다. 내 아내는 농담으로 이렇게 이야기하곤 한다. "당신이 피해망상에 빠져 있다고 해서 세상이 당신을 가만두지는 않을 거예요." 신실한 그리스도인들일수록 이런 고통을 받아들이는 것을 힘겨워 한다. 우리가 우연이 겹겹

능력 되시는 그리스도

이 쌓여 이루어지는 혼란한 세상에 있지 않음을 알기 때문이다. 이 세상은 어디든 우리 아버지의 것이다. 사랑의 하나님이 온 우주와 그 안에 존재하는 모든 것을 만드셨다. 또한 하나님은 우리를 홀로 남겨 두고 이 세상을 떠나 먼 곳으로 가서 휴가를 즐기는 분이 아니다. 예수님이 가르쳐 주신 것처럼, 이 세상에 우연은 없다. 하나님이 허락하지 않으시면, 새 한 마리도 땅에 떨어지지 않는다(마 10:29).

철학과 신학의 위대한 지성들은 '하나님이 선하시다면 왜 악이 존재하는가'라는 문제를 놓고 수천 년 동안 씨름해 왔다. 이런 문제를 논리적으로 따져 보면 하나님이 선하지 않다거나, 악에 대해 아무런 대응도 할 수 없을 만큼 무력하다고 결론 짓게 될 것이다.

그런데 이런 문제는 논리로 접근해서는 안 된다. 악의 수수께끼와 같은 거대한 문제는 인간의 이성이나 감각만 가지고는 풀 수 없기 때문이다. 인류 전체의 재난이나 개인의 고난을 직접 마주할 때 우리가 할 일은 다만 하나님의 말씀을 통해 성령님의 인도하심을 받는 것이다. 고통은 해결하는 것이 아니다. 우리는 다만 그 고통을 견뎌 낼 뿐이다.

그리스도인에게 고난은 자연스러운 일이다. 고난은 당신의 인생에도 반드시 찾아갈 것이다. 다만 당신 홀로 고통의 모든 짐을 짊어져야 하는 것은 아니라는 데서 위로를 얻는다.

●

고통은 좋은 일이 아니다. 이 사실은 변하지 않는다. 그리스도인들은 결코 고통을 즐기지 않는다. 우리는 하나님이나 이웃을 감동시키기 위해 일부러 고통을 찾아다니지 않는다. 다만 그리스도인들은 있는 그대로의 현실을 정면으로 마주해야 한다. 고통을 가볍게 여겨서는 안 된다. 고난을 대수롭지 않게 받아들여서는 안 된다. 좋은 것을 나쁘다고 하면 안 되는 것처럼 나쁜 것을 좋다고 해서도 안 된다.

그러므로 고통에서 벗어나기 위해, 혹은 고통을 줄이기 위해 애쓰는 것은 결코 잘못이 아니다. 우리는 정신적, 신체적으로 고통받는 사람들을 치유하는 의료 전문가들을 마땅히 존경해야 한다. 나는 지금까지 사랑하는 많은 이에게 전문가의 치료를 받도록 권면해 왔다. 가장 암울한 시기에 놓인 고통받는 사람들에게는 그들의 몸과 마음을 치료할 수 있는 숙련된 의사가 필요하다.

그러므로 힘든 상황에 처해 있다면, 당신을 도와줄 수 있는 이들을 적극적으로 찾아보라. 그리고 동시에 당신이 찾아야 할 이들이 있는데, 바로 영혼의 의사다. 당신의 이야기를 세심히 들어주고, 마음을 헤아려 주는 목회자를 찾아가라. 그들은 고난 중에 있는 당신의 아픈 영혼을 달래 줄 것이다. 하나님은 확실한 말씀과 거룩한 성례를 통해 아픈 성도들을 치료해 주신다. 그러니 이러한 돌봄을 시행할 수 있는 목회자를 찾아가도록 하라.

그리고 하나님 앞에서 이 점을 꼭 기억하라. 감정적으로 위태롭거나 영적으로 힘들다고 해서 당신의 신앙에 문제가 있다고 단정 짓지 말라. 당신이 목회자이거나 고통받는 영혼의 동반자라면, 그들의 고통을 가볍게 여기거나 그들의 상황이 그리 나쁘지 않다는 식의 인상을 주지 말라. 당신은 결코 고난 가운데 있는 이들 앞에서 웃음을 흘리는 일로 부름받은 것이 아니다. 어떤 종류의 고통과 아픔도 무시하지 말라. 한 번 휘두르기만 하면 불행을 사라지게 할 수 있는 마법 지팡이 같은 것은 이 세상에 없다. 그러니 이제 솔직하게 우리의 심정을 토로하자. 불행은 우리를 화나게 하고, 두려움은 우리를 옭아맨다. 질병은 우리를 지치게 하며, 고통은 우리를 괴롭게 한다. 가장 혹독한 고난이자 최후의 대적인 사망은 우리를 짓이겨 버린다.

●

하나님이 우리의 슬픔과 고통 한가운데서 자신을 감추신다는 사실은 매우 신비한 일이다. 이 신비에 관해서는 예레미야만큼 정통한 이가 없으니, 그의 이야기를 들어보자. 예레미야의 예언을 읽어 보았다면, 그가 왜 종종 "눈물의 선지자"라고 불리는지 알 것이다. 불행히도 그는 구약의 이스라엘 역사상 가장 격동적인 시기에 하나님의 대변자로 섬겼다. 그는 이스라엘 백성에게 습관적인 우상 숭배와 행음에서 돌이켜 구원의 하나님께로 돌아오라고 거듭 호소했다. 그러나 이스라엘 백성은 그의 호소에 귀를 닫아 버렸다. 결국 유다 백성은 강퍅해진 마음과 공공연한 반역으로 바벨론에 포로로 끌려가게 되었다.

예레미야애가에는 유다 백성이 바벨론에서 겪었던 재앙적 경험이 잘 드러나 있다. 그런데 여기에 고통받는 영혼을 위한 풍성한 위로가 담겨 있다는 사실은 종종 간과되고 있다. 이 애가는 하나님께 불만을 토로하는 한탄을 시적으로 정교하게 표현한 하나의 문학 작품이다. 총 다섯 장으로 구성되었으며 중반부인 3장에서 그 진가가 드러난다. 3장에는 인류가 맞닥뜨릴 수 있는 재앙이 정교하게 짜여진 예순여섯 개의 구절 속에 웅변적으로 요약되어 있다.

예레미야는 인간의 재앙을 그릴 때 감정을 억눌러 가며 조심스럽게 표현하지 않았다. 에둘러 표현하는 법도 없다. 고통받는 사람들의 눈에는 하나님이 마치 고문 기술자, 교도관, 사냥꾼, 야생 곰, 삼킬 먹이를 찾는 주린 사자와 같이 보일 것이다. 고통받는 이들은 쓸개즙과 쓴 쑥으로 연명한다. 인간쓰레기 취급을 받으며, 모욕과 조롱이 항상 따라다닌다. 심약한 이들은 예레미야애가 3장에 나오는 잔인할 정도로 솔직한 표현들을 감당하기 어려울 것이다.

까닭 없이 내 대적이 된 자들이
새를 사냥하듯 나를 쫓습니다.
그들이 나를 산 채로 구덩이에 처넣고,
돌로 막아서 못 나오게 하였습니다.

물이 내 머리 위로 넘쳤으므로,
'나는 이제 죽었구나' 하고 생각하였습니다.

(애 3:52-54)

인간의 고통을 노골적으로 표현한 이 예순여섯 개의 구절을 날 것 그대로 모두 소화할 수 있다면, 당신은 남유다의 바벨론 유배에 감추어진 속뜻과 눈물의 선지자 예레미야의 목소리를 들을 수 있을 것이다. 또한 슬픔의 사람 예수님이 우리 죄와 수치를 친히 짊어지시고 고통스럽게 죽어 간 갈보리 십자가에서 울려 퍼지는, 버림받은 자의 외침까지도 들을 수 있을 것이다.

고통에 대해 마구 퍼붓듯이 쏟아 낸 이 시구들의 중심부에는 저자의 내면에 깊이 뿌리박힌 핵심 내용이 자리하고 있다. 이 구절에서 묘사하는 상처 입은 그의 백성을 부드럽게 보살피시는 하나님의 모습이 우리에게 매우 강렬하게 다가온다.

주님께서 우리를 근심하게 하셔도,
그 크신 사랑으로 우리를 불쌍히 여기신다.
우리를 괴롭히거나 근심하게 하는 것은,
그분의 본심이 아니다.

(애 3:32-33)

고난 속에는 경이로운 비밀 하나가 감춰져 있다. 바로 하나님이 그 고난의 한 가운데 자리하고 계시다는 사실이다.

에덴동산 이래로 줄곧 하나님은 우리 인간에게 더 가까이 다가가기 위해 스스로를 변장해 오셨다. 그분은 부끄러움 속에 영광을, 약함 속에 능력을, 부유함 속에 가난을, 비천함 속에 위엄을 숨기셨다. 우리는 하나님의 영원하신 아들이 인간의 육신을 입고 성육신하신 모습에서 이를 가장 분명하게 볼 수 있다. 그리스도의 신성은 인성으로 감싸여 있고, 그의 생명은 그의 죽음 안에 담겨 있다. 이상하게 들리겠지만 하나님은 바로 이런 분이다. 하나님은 분명한 목적을 가지고 우리 중에 불행에 처한 이들을 자신의 신실함으로 감싸고 계신다. 바울 사도도 이렇게 말했다. "하나님께서는, 지혜 있는 자들을 부끄럽게 하시려고 세상의 어리석은 것들을 택하셨으며, 강한 것들을 부끄럽게 하시려고 세상의 약한 것들을 택하셨습니다. 하나님께서는 세상에서 비천한 것들과 멸시받는 것들을 택하셨으니 곧 잘났다고 하는 것들을 없애시려고 아무것도

아닌 것들을 택하셨습니다."(고전 1:27-28)

●

"로저스 씨네 동네"(Mr. Roger's Neighborhood, 미
국 PBS에서 1968-2001년까지 방영된 인기 어린이 프로
그램, 프레드 로저스는 이 프로그램의 제작자이자 진행
자였다_역주)의 프레드 로저스는 2001년에 은퇴했
다. 그가 은퇴한 이유는 뉴욕에서 일어난 9.11 테
러로 인해 트라우마를 겪는 아이들을 위로하기 위
해서였다. 당시 그가 내어 놓은 슬로건이 매우 유
명하다. "도움의 손길을 찾아보세요!"(Look for the
helpers!) 우리 삶에 고난이 닥쳤을 때, 그로 인한 트
라우마에서 벗어나기 위해 애쓰는 이들보다, 그 트
라우마 속으로 뛰어드는 이들에게 주목하라.

우리 모두가 고통에서 벗어나기를 염원한다. 그
럼에도 어두운 날들은 조만간 우리 인생에 찾아올
것이다. 이러한 날들이 찾아왔을 때 공포심이 생기
는 것은 피할 수 없다. 하지만 중요한 것은 이 공포
에 굴복하지 않는 것이다. 그리스도께서 친히 도움
의 손길이 되어 그 고통 속으로 돌진해 오시는 모
습을 바라보라. 그러면 고난 중에도 은혜와 감사를
발견할 수 있을 것이다. 우리는 길을 잃은 자요, 소

망 없는 자였다. 그런 우리 인생에 개입하셔서 우리를 구원하시기 위해 예수님은 하늘에서 땅으로, 인간의 연약한 육신을 입기까지 달려오셨다. 그리고 친히 죽음 자체까지 달려가셨고, 심지어 십자가의 고통스러운 죽음 속으로 더 깊숙이 내려가셨다. 그러나 그 죽으심으로 주님은 죽음을 이기고, 지옥을 정복하셨다.

그 결과로 우리가 인생의 가장 어두운 골짜기에서도 소망을 붙잡을 수 있게 된 것이다. 고통 한가운데서 친히 비천과 비하에 싸이셨던 예수님이시기에 우리를 능히 위로하실 수 있다. 주님은 우리가 겪는 고통의 내면 깊숙한 곳까지 자세히 아신다. "우리의 대제사장은 우리의 연약함을 동정하지 못하시는 분이 아닙니다. 그는 모든 점에서 우리와 마찬가지로 시험을 받으셨지만, 죄는 없으십니다. 그러므로 우리는 담대하게 은혜의 보좌로 나아갑시다. 그리하여 우리가 자비를 받고 은혜를 입어서, 제때에 주시는 도움을 받도록 합시다."(히 4:15-16)

우리가 슬프고 괴로울 때, 우리에게는 우리보다 앞서서 그 자리를 다녀가신 도움의 손길이 있다. 예수님은 우리의 고통과 불행을 감싸 안으시고, 십자가에서 그것을 거룩하게 하신다. 당신에게 고통의 트라우마가 닥칠 때마다 예수님은 위로의 말씀을 들고 여러분 곁으로 달려가 도와주신다. 주님은 절대 당신을 고통 중에 버려두지 않으신다. 예수님이 마르다에게 주신 이 확실한 약속의 말씀으로 위로를 받으라. "나는 부활이요 생명이니, 나를 믿는 사람은 죽어도 살고, 살아서 나를 믿는 사람은 영원히 죽지 아니할 것이다. 네가 이것을 믿느냐?"(요 11:25-26)

마르다는 그날 베다니에서 "예"라고 대답했다. 우리도 그렇게 답할 수 있다. 그러나 예수님은 우리의 연약함을 알고 계시기에, 이렇게 대답해도 충분하다. "예, 주님. 내가 믿습니다. 믿음 없는 저를 도와주십시오."(막 9:24)

슬퍼하는 사람은 복이 있다.
하나님이 그들을 위로하실 것이다.

마태복음 5:4

기쁨 되시는 그리스도

●

고통은 어디에나 있다. 우리 삶에도 고통이 찾아온다. 인생을 사는 동안 언젠가는 어두운 골짜기를 지나게 된다. 그런 시기가 자주 있지 않다는 데에 감사하자. 다만 우리에게 찬란한 날이 있는 것처럼 어둠의 시간도 찾아오리라는 것은 자명하다. 우리 중에는 유독 어두운 날이 더 많아 보이는 이들이 있다. 어쩌면 바로 당신이 그런 인생일지도 모른다. 만약 그렇다면, 이번 장은 특별히 당신을 위한 이야기가 될 것이다. 어두운 날을 지날 때면 우리는 기쁨이란 주제에 더 관심을 가지게 된다. 기쁨이란 무엇인가? 기쁨은 어디에서 발견할 수 있는가? 특히 행복이라고는 전혀 찾아볼 수 없는 슬픔의 한가운데 있을 때는 어떤가?

슬픔과 역경을 통과해 내는 길을 찾기 원한다면, 우선 당신 자신의 내적 힘으로 그것을 해결하

기쁨 되시는 그리스도

려는 태도를 버려야 한다. 그 대신 당신을 인도해 주실 하나님의 말씀을 바라보라.

하나님의 말씀은 항상 말씀하신 그대로 이루어진다. 하나님의 말씀은 살아 있고 권능이 있다. 하나님은 말씀으로 사물을 창조하셨다. "빛이 생겨라" 하고 말씀하시자, 그 즉시 어둡고 공허했던 창조 세계에 빛이 비추었다(창 1:2). 우리는 말로 무언가를 설명한다. 그러나 하나님은 말씀으로 무언가를 창조하신다. 이것이 하나님의 말씀이 인간의 말과 구별되는 점이다. 내가 당신에게 "걱정하지 말아요"라고 말할 수 있으나, 그 말 자체에 어떤 신비한 힘이 깃든 것은 아니다. 그러나 예수님이 "수고하며 무거운 짐을 진 사람은 모두 내게로 오너라. 내가 너희를 쉬게 하겠다"고 말씀하실 때, 주님은 실제로 우리 짐을 덜어 주시고, 우리의 지친 영혼을 진정시키며, 불안한 마음을 달래 주신다(마 11:28). 말하는 이가 누구인가에 따라 이런 차이가 나타나는 것이다. 나는 당신과 같은 사람이지만, 예수님은 인간의 육신을 입고 오신 하나님이시다. 이 사실 하나가 모든 것을 바꿔 놓는다.

하나님의 말씀은 그대로 이루어진다. 하나님이 말씀으로 죄를 용서하실 때 죄인이 성도로 바뀐다.

하나님이 말씀으로 창조하실 때 아무런 의미 없는 혼돈된 세상에 질서가 잡힌다. 하나님의 말씀은 당신의 삶에도 동일하게 일하신다. 당신이 개인적인 비극과 혼란 속에서 분투하고 있을 때, 하나님은 말씀으로 당신의 내면에 평화를 주신다. 당신이 할 일은 당신 자신의 말이 아닌 하나님의 말씀을 묵상하며 기도하는 것이다. 그러니 두려움에 사로잡히지 말고 예수님의 말씀에 귀를 기울이라. "나는 평화를 너희에게 남겨 준다. 나는 내 평화를 너희에게 준다. 내가 너희에게 주는 평화는 세상이 주는 것과 같지 않다. 너희는 마음에 근심하지 말고, 두려워하지도 말아라."(요 14:27)

폭풍우가 몰아치는 바다를 헤쳐 나가기 원한다면, 당신의 괴로운 마음을 내면의 느낌이 아니라 하나님의 말씀에 고정하라. 하나님의 말씀을 큰 소리로 읽으라. 당신의 내면 깊숙한 곳에서 끊임없이 올라오는 두려움을 진정시켜 줄 것이다. 그러고 나서 마찬가지로 큰 소리로 기도하라. 주님 앞에 당신의 내면에 감추어진 온갖 불평거리를 소리 내어 쏟아낼 때 억눌렸던 내면의 고통이 해소될 것이다. 여기에서 이야기하는 내면의 평화란 단순히 아무런 문제가 없는 듯한 표정을 지을 수 있게 되는 정도가 아니다. 묵상 기도는 괜찮지 않은데도 괜찮은 척하는 것이 아니다. 스스로 해결책을 찾고 결정해서 힘든 시기를 헤쳐 나감으로써 회복력을 키우는 것이 아니다. 그렇게 괜찮은 척하는 것으로 한동안은 버틸지도 모르지만, 점점 지치게 될 것이다. 처음에는 감정적으로, 그다음에는 육체적으로, 그러다 결국은 영적으로도 엉망이 되고 말 것이다. 마스크는 호흡기 감염을 예방하는 데는 효과가 있다. 그러나 인생은 가면무도회가 아니다. 정직이 언제나 최고의 방법이니까.

그러나 우리는 진짜 감정을 숨기기 위해 잘 만들어진 가면을 쓸 때가 많다. 미국의 고전 뮤지컬, 《왕과 나》의 안나처럼, 우리는 겉으로는 행복한 곡조를 휘파람으로 불지만 내면에서는 행복을 찾지 못한다. 이 뮤지컬에서 안나는 이렇게 노래한다. "나는 겁먹을 때마다 행복한 곡조를 휘파람으로 불어. 그 모든 순간들에, 곡조에 행복이 담겨 있는 건 내가 겁먹지 않았다는 것을 증명하지." 하지만 이런 가식은 값비싼 대가를 치르게 된다. 내면에 두려움과 슬픔만 가득할 때 행복한 척하려면 많은 감정 에너지가 필요하다.

이렇게 살기에는 인생은 너무 짧다. 그리스도인

은 비극이 결코 일어나지 않는 것처럼, 고난이 비참하지 않은 것처럼, 고통이 아프지 않은 것처럼 가장할 필요가 없다. 우리는 하나님 앞에 솔직해도 된다. 그분이 인간의 고통이 얼마나 깊은지 아시기에. 우리는 마음 속 깊은 곳에 있는 불안을 들고 나와 하나님께 부르짖을 수 있다. 그분이 바로 자신의 자녀를 불쌍히 여기시는 하늘에 계신 우리 아버지이심을 알기 때문에(시 103:13). 우리에게는 사랑하는 친구 나사로의 무덤 앞에서 눈물 흘리신 구세주가 계신다(요 11:35). 우리가 아무 말도 하지 못할 때, 성령께서 우리를 대신하여 친히 간구하신다(롬 8:26).

하나님은 우리를 기도의 자리로 부드럽게 초청하신다. 그리고 그 기도에 세심하게 귀 기울이시겠노라고 약속하신다. "재난의 날에 나를 불러라. 내가 너를 구하여 줄 것이요, 너는 나에게 영광을 돌리게 될 것이다."(시 50:15) 행복하지 않은 데도 행복한 척할 필요는 없다. 이 세상에서 행복은 채워지지 않을 때가 많다. 행복은 상황에 따라 있기도 하고 없기도 한다. 하지만 기쁨은 어떠한가? 기쁨은 완전히 다른 문제다. 우리에게 기쁨을 볼 수 있는 눈만 있다면, 그것은 어떤 상황에서도 넘쳐난다.

●

기쁨과 행복의 차이를 구분할 필요가 있다. 행복은 주로 우리 자신의 경험에 달려 있다. 감정 상태라는 말이 일종의 감정을 측정하는 지표를 뜻한다고 하면, 행복은 우리의 감정 상태에 따라 수시로 바뀐다. 하지만 기쁨은 하나님과 그분의 약속에 견고히 뿌리내리고 있다. 그래서 인생의 여러 우여곡절에도 기쁨은 변함없이 유지된다.

사실 나도 행복에 더 끌린다. 만약 누군가 내게 반쯤 채운 잔과 반쯤 비운 잔을 준다면, 나는 매번 반쯤 채운 잔을 고를 것이다. 나는 가족이나 친구들과 함께하는 것을 즐긴다. 밝고 화창한 날과 푸른 하늘, 좋은 음악과 여유로운 시간을 좋아한다. 누구 못지않게 성취와 만족을 경험하고 싶어 한다. 행복은 지속되는 동안에는 대단히 좋다. 하지만 행복은 지속되지 않는다. 행복은 오늘 여기 있다가 내일 다른 곳으로 사라진다. 그것은 순간적이고 일시적이다. 완전한 행복이 마침내 내 손에 잡힐 것 같다고 생각한 순간, 손에서 빠져 나간다. 행복은 인생의 굽이굽이에서 밀려 들어왔다 밀려 나가기를 반복한다. 최근에 나는 나이 듦이 항상 유쾌하지는 않다는 것을 알게 되면서, 새삼 이런 사실을 절실히 깨닫게 되었다.

그러나 기쁨은, 행복이 사라질 때에도 여전히 남아 있다. 하나님께 소망의 뿌리를 내리는 그리스도인은 어떠한 상황에서도 참된 기쁨을 거둔다. 그 자리가 역경의 바위틈이든 가장 깊고 어두운 고통의 골짜기든 문제 되지 않는다. 기쁨과 믿음은 서로 연결되어 있다. 야고보 사도는 이렇게 썼다.

나의 형제자매 여러분, 여러 가지 시험에 빠질 때에, 그것을 더할 나위 없는 기쁨으로 생각하십시오. 여러분은 믿음의 시련이 인내를 낳는다는 것을 알고 있습니다. 여러분은 인내력을 충분히 발휘하여, 조금도 부족함이 없이 완전하고 성숙한 사람이 되십시오.

(약 1:2-4)

야고보 사도가 하는 말을 들어 보라. 그는 "그것을 더할 나위 없는 기쁨으로 생각하[라]"고 권면한다. 야고보는 바보가 아니다. 제자들의 삶은 공원에서 산책하는 것이 아니었다. 전승에 따르면 제자들 중 요한을 제외한 나머지 전부는 박해자들에 의해 잔인하게 죽었다. 성경과 동시대를 살았던 이들의 증언에 따르면, 그들은 교회 안팎에서 복음의 원수들에게 쫓기며 매번 반대에 부딪쳤다. 그래서 야고보 사도에게 기쁨은 신앙 훈련이었다. "그것을 더할 나위 없는 기쁨으로 생각하십시오." 야고보는 자신이 인생에서 만난 다양한 종류의 시련을 "기쁨"이라는 항목 아래 두었다. 그 시련들로 인해 자신의 행복을 빼앗겼음에도 말이다.

말장난 아니냐고, 심리 게임 같다고, 또 다른 버전의 가식이라고 생각되는가? 야고보 사도는 그렇게 생각하지 않았다. 그는 계속해서 이러한 시험이 사실은 하나님의 검사 프로그램이라고 말한다. 이 검사에서 당신이 양성 반응을 보인다면, 당신의 믿음은 아주 좋은 상태다. 믿음은 처음에 성령에 의해 당신 안에 심겼다. 그 믿음은 불 속에서 견고하게 자라서 당신이 예수님과 그의 십자가를 더욱 굳건히 붙잡게 한다. 그렇게 자라나는 견고한 믿음은 처음에 하나님의 은혜로 당신 안에 시작하신 그 일을 마침내 열매 맺게 할 것이다.

인생에서 가장 어두운 골짜기에 있을 때, 그 깊고 깊은 고통에 대해 소리 내는 것을 두려워하지 말라. 하나님은 그곳에서도 활발히 일하시며, 주님이 보시기에 가장 아름다운 것을 당신 안에 빚으신다. 안타깝게도 이 망가진 세상에서 고난은 반드시 찾아온다. 비극이 닥치면 길을 잃기 쉽다. 우리는 이런 세상을 믿음으로 걷고 있다. 그런데 우리를 둘러싼 슬픔이 자신의 핏값으로 우리를 사신 주님을 바라보지 못하게 방해한다. 베드로는 이런 전체 장면을 명확히 볼 수 있도록 우리를 돕는다. "여러분은 그리스도를 본 일이 없으면서도 사랑하며, 지금 그를 보지 못하면서도 믿으며, 말로 다 표현할 수 없는 즐거움과 영광을 누리면서 기뻐하고 있습니다."(벧전 1:8)

따라서 그리스도와 고난은 하나님의 은혜 안에 묶여 있다. 주님의 견고한 말씀을 믿으라. 주님은 지금 당신이 당하는 슬픔을 통해 주께서 다시 오실 날에 누릴 영원한 기쁨을 보신다.

주님 앞에서는 어둠도 어둠이 아니며,
밤도 대낮처럼 밝으니,
주님 앞에서는 어둠과 빛이 다 같습니다.

시편 139:12

빛 되시는 그리스도

●

눈으로 보아야 믿을 수 있다. 도마가 좋아할 말이다. 첫 부활절 저녁, 예수께서 피와 살을 가진 살아 있는 몸으로 나타나 제자들을 놀라게 하셨을 때, 도마는 그 자리에 없었다. 다른 제자들이 자기네가 본 것을 말해 주었지만, 도마는 믿지 못했다. "나는 내 눈으로 그의 손에 있는 못 자국을 보고, 내 손가락을 그 못 자국에 넣어 보고, 또 내 손을 그의 옆구리에 넣어 보지 않고서는 믿지 못하겠소!"(요 20:25)

도마의 마음이 충분히 이해되지 않는가? 상식적으로 도마의 반응은 당연한 것이다. 죽은 사람은 더 이상 걷거나 말할 수 없다. 도마가 부활하신 주님을 자기 눈으로 직접 보고 싶어 하는 것은 분명 이치에 맞다. 나라도 그랬을 것이다.

팔 일 후, 도마는 그 기회를 잡았다.

이전과 같이 제자들은 문을 걸어 잠그고 방에 다시 모였고, 이번에는 도마도 그들 가운데 있었다. 그때 부활하신 예수님이 다시 나타나셨다. 예수님은 도마에게 손에 난 못 자국을 보여 주시면서 "네 손을 내 옆구리에 넣어 보아라. 그래서 의심을 떨쳐버리고 믿음을 가져라" 하고 말씀하셨다(요 20:27).

이에 도마는 예수님을 "나의 주님, 나의 하나님"으로 고백했다(요 20:28). 그리고 예수님은 이렇게 말씀하셨다. "너는 나를 보았기 때문에 믿느냐? 나를 보지 않고도 믿는 사람은 복이 있다."(요 20:29)

우리는 바로 이때, 예수님을 보지 못하고 믿는 시대에 살고 있다. 예수님이 부활하신 모습으로 나타나서 제자들을 놀라게 하신 그날 밤으로부터 무려 이천 년 이상 지난 시기다. 한 번도 예수님을 본 적 없고 그분의 살아 있는 몸을 직접 만져 본 적도 없다. 그런데 예수님은 우리처럼 주님을 보지 않고도 믿는 사람들에게 복이 있다고 말씀하신다.

언젠가 당신의 삶에 찾아올 어두운 날들을 헤쳐 나갈 때 꼭 이 축복의 말씀을 기억하라.

어둠은 갖가지 모양으로 우리에게 찾아온다. 만성적인 불안과 씨름할 때나 고뇌, 슬픔, 절망의 깊은 골짜기를 지날 때 하나님의 약속을 붙잡는 것은 여간 힘든 일이 아니다. 몸이 아프면 기도는 고사하고 제정신으로 있는 것조차 어렵다. 트라우마에 빠져 있거나 공황 장애에 시달릴 때에는 다른 일에 신경 쓸 여력이 없다. 가슴이 두근거리고 머릿속이 복잡할 때는 기도는커녕 하나님을 떠올리기조차 어렵다.

이럴 때 우리 믿음이 연약해진다. 때로 우리 믿음은 겨우 얇은 실 한 가닥에 달려 있는 것 같이 느껴진다. 그러나 이런 작은 믿음도 믿음이다. 고난의 어두운 골짜기를 지날 때에 예수님을 이렇게라도 믿고 있다면, 당신에게 복이 있다. 예수님이 친히 그렇게 말씀하셨다.

바울 사도는 "지금은 우리가 거울로 영상을 보듯이 희미하게 보지마는, 그때에는 얼굴과 얼굴을 마주하여 볼 것"이라고 썼다(고전 13:12). 언젠가는 우리 두 눈으로 영원한 영광을 직접 보게 될 날이 올 것이다. 그러나 지금도 우리는 믿음의 눈으로 희미하게라도 그 영광을 볼 수 있다.

안타깝게도 우리가 믿음으로 받아들이는 것들은 종종 불안으로 흐려지고 두려움으로 어두워진다. 불안과 두려움이 만나서 의심으로 발전하기도

하고, 때로는 더 심각한 상태로 이어지기도 한다. 수세기 동안 고통받는 성도들은 하나님이 계시지 않거나 응답하시지 않는 것처럼 보이는 영혼의 어두운 밤에 대해 이야기했다. 그 끔찍한 시간에는 소망은 시들고 믿음은 희미해지기 시작한다. 수년 동안 나는 몇몇 성도가 이런 사건 사고들을 잘 통과하도록 이끌었다. 그 사연들은 하나같이 너무나 충격적이었다. 그러나 어두운 밤에도 우리 주님의 약속은 변하지 않는다. "나를 보지 않고도 믿는 사람은 복이 있다."

미래가 불확실하고 믿음이 부질없어 보일 때 우리는 어떻게 해야 할까? 하나님이 멀게만 느껴질 때는? 두려움이 엄습하고 슬픔이 우리를 압도할 때 우리는 무엇을 할 수 있을까?

어두운 밤에 우리는 어디에서 빛을 찾을 수 있을까?

●

이럴 때 시편 139편은 훌륭한 길잡이가 되어 준다. 하나님이 계시지 않는 것은 아닌지 답답해하는, 모든 고통받는 성도의 고뇌에 찬 외침을 다윗 왕은 이렇게 대변한다.

내가 주님의 영을 피해서 어디로 가며,
주님의 얼굴을 피해서 어디로 도망치겠습니까?
내가 하늘로 올라가더라도
주님께서는 거기에 계시고,
스올에다 자리를 펴더라도
주님은 거기에도 계십니다.
내가 저 동녘 너머로 날아가거나,
바다 끝 서쪽으로 가서 거기에 머무를지라도,
거기에서도 주님의 손이 나를 인도하여 주시고,
주님의 오른손이 나를 힘 있게 붙들어 주십니다.

(시 139:7-10)

우리 육신의 눈에 보이지 않는다고 하나님이 부재하신 것은 아니다. 하나님은 어디에나 계신다. 우리는 하나님을 볼 수 없지만, 하나님은 우리를 보고 계신다. 우리가 하늘 높은 곳으로 올라가거나 지옥 깊은 곳으로 내려가거나 가장 먼 바다로 날아간다고 하더라도 하나님이 바로 거기에 계신다. 이것이 은혜다. 우리가 버림받았다고 느낄 때에도 하나님은 매 순간 우리와 함께하신다.

불확실함의 폭풍우에 빠져 두려울 때도 하나님의 손길은 여전히 우리를 이끄신다. 깊고 어두운 절망의 골짜기에서 공포에 사로잡힐 때도 하나님의 사랑은 여전히 우리를 지탱하신다. 외롭고도 긴 고통의 밤을 지날 때마다 하나님은 친히 우리를 지키시며 우리를 가장 안전하게 보호하신다.

내가 말하기를 "아, 어둠이 와락 나에게 달려들어서,
나를 비추던 빛이 밤처럼 되어라" 해도,
주님 앞에서는 어둠도 어둠이 아니며,
밤도 대낮처럼 밝으니,
주님 앞에서는 어둠과 빛이 다 같습니다.
(시 139:11-12)

틀림없이 당신도 어둡고 긴 밤을 보낸 적이 있을 것이다. 대부분의 그리스도인이 그렇다. 슬픔, 고통, 상실감 등 갖가지 이유가 당신의 삶에 이런 어두운 시간을 가져온다. 도저히 잠을 이룰 수 없을 때, 몸은 정신에 과부하가 와서 마음이 고장났다는 신호를 보낸다. 어떤 밤에는 기도가 잘 나오지 않고, 또 아무도 내 기도를 들어주지 않는 것 같이 느껴진다. 그런 어둠 속에 있을 때, 당신은 하나님이 당신을 떠난 것 같고, 당신의 유일한 동반자는 불행뿐이라고 느낄지도 모른다.

내 인생에서 가장 어두운 밤은 사위가 젊은 나이에 불의의 사고로 사망한 직후에 찾아왔다. 몇 날 며칠을 내 몸은 소리 없는 흐느낌으로 떨렸고, 내 마음은 "왜입니까, 하나님, 어째서 이런 일이 일어났습니까? 사랑스러운 딸과 어린 손주는 이제 어찌해야 합니까?" 하고 울부짖었다. 당신도 이런 기도를 알 것이다. 아니면 직접 드려 보았거나. 하나님이 우리를 위해 만드신 이 경이로운 세상에는 아름다움과 행복도 있지만, 온갖 추한 것이 함께 있다. 슬픔, 공포, 고통, 그리고 죽음도 있다.

그러나 우리가 섬기는 분이 죽음의 문턱에서 생명을 건져 내신 주님이라는 사실을 기억하라. 주님은 어둠에 빛을 가져오셨다. 어느 금요일 오후 십자가에 달리신 예수님이 육신과 정신과 영혼에 극심한 고통을 겪고 계시는 동안 어둠이 예수님을 뒤덮었다. 십자가 위에서 세 시간이라는, 지독스럽게 고통스러운 시간이 흐르고 나서야 예수님은 숨을 거두셨다. 제자들은 피투성이가 된 예수님의 시신을 가져다 빌린 무덤에 묻었다.

우리와 같은 육신의 몸으로 예수님은 우리 죄를 담당하시고 우리 슬픔을 짊어지셨다.

한 사람의 살과 뼈, 피, 땀, 눈물이 우리의 죗값으로 지불되었다. 예수님은 우리와 똑같이 고통을 당하셨다. 두려움과 공포가 우리에게 닥쳤던 것과 똑같이 예수님에게도 닥쳤다. 그분은 우리 인간이 경험하는 모든 고통을 온몸으로 느끼셨다.

그런데 예수 그리스도는 십자가에서 죽으셔서 우리에게 생명과 불멸을 가져다 주셨다. 사흘 후에 주님은 사망과 지옥의 권세를 이기시고, 무덤에서 나오셔서 이 세상의 어둠을 영원한 빛으로 바꿔 놓으셨다.

당신은 애타는 심정으로 긴 기도의 시간을 보내면서도, 하나님이 정말 내 기도를 듣고 계시는지 의문을 품을 수 있다. 그러나 당신은 우리 각자의 어둠이 결코 예수님에게는 어둠이 아니라는 것을 확신해도 된다. 주님 앞에서는 밤도 대낮처럼 밝고, 어둠과 빛이 똑같다(시 139:12). 하나님은 어둠 속에서도 선명하게 보신다. 그래서 우리는 주님이 안전하게 지켜 주실 것을 확신할 수 있다. 하나님은 "어둠 속에 감추어진 것도 아신다. 그분은 빛으로 둘러싸인 분이시다."(단 2:22)

세례받을 때 당신은 거듭났다. 죽은 사람들 가운데서 예수 그리스도께서 부활하심으로 말미암아 당신도 산 소망을 가지게 되었다(벧전 1:3). 이제 당신의 인생은 당신을 위해 십자가에서 죽으셨다가 부활하사 지금도 살아계시는 주님의 살과 피에 견고히 닻을 내렸다.

사실, 당신은 도마처럼 예수님을 직접 본 적이 없다. 예수님 손에 난 못 자국을 본 적도 없고, 다시 사신 예수님 몸에 난 상처를 만져 본 적도 없다. 그럼에도 당신은 예수님을 참으로 믿는다. 그러니 당신에게 복이 있다. 예수님이 그렇게 말씀하셨다.

견딜 수 없을 만큼 긴 밤을 지나고, 깊이를 가늠할 수 없는 어둠 속을 걷는 당신을 예수 그리스도께서 붙들어 주신다. 그 밤과 어둠을 통과하는 당신을 지켜보신다. 지금은 그런 주님을 볼 수 없지만 머지않아 충분히 보게 될 것이다. 모든 육체가 부활하는 그날에. 그때는 모든 슬픔과 탄식이 사라지고, 죽음은 더 이상 존재하지 않을 것이다. 하나님이 친히 당신의 눈물을 다 닦아 주실 것이다. 그때 당신은 주님이 주시는 영원한 기쁨, 아무도 빼앗을 수 없는 그 기쁨에 들어갈 것이다.

여러분은 그리스도를 본 일이 없으면서도 사랑하며, 지금 그를 보지 못하면서도 믿으며, 말로 다 표현할 수 없는 즐거움과 영광을 누리면서 기뻐하고 있습니다. 여러분은 믿음의 목표 곧 여러분의 영혼의 구원을 받고 있는 것입니다.

(벧전 1:8-9)

인생의 가장 깊은 골짜기에서도, 길고 어두운 밤에도, 어떤 어려움 속에서도 당신은 예수 그리스도를 부를 수 있다. 주님께 당신의 불만을 모두 쏟아 내도 좋다. 기도하고, 찬양하고, 감사하라. 주님의 약속은 영원히 견고하게 서 있다. "나는 너희 것이고 너희는 나의 것이니, 나와 너희를, 너희와 나를 갈라놓을 수 있는 것은 아무것도 없느니라."

풀은 마르고
꽃은 시드나,
우리 하나님의 말씀은
영원히 서 있다.

이사야 40:8

함께하시는 그리스도

●

영원한 것은 없다. 우리 이성은 이 사실을 인정하지만, 우리 감정은 곧잘 외면하려 한다. 이 진실을 부인한 세대가 우리가 처음은 아니다. 초기 스페인 탐험가들이 전설 속의 '젊음의 샘'(fountain of youth, 이 샘물을 마시거나 거기에 몸을 담그면 젊음을 되찾아 준다고 하는 전설 속의 샘_역주)을 찾다가 아메리카 대륙까지 왔다. 현대인들은 그들이 찾고자 했던 것을 상업화하고, 과학으로 발전시켰다. 헬스클럽, 다이어트 프로그램, 운동 요법 등은 현대 사회에서 꽤 수익성 높은 사업이 되었다. 아름다운 몸매와 젊음의 활력을 얻고자 하는 현대인의 끝없는 갈망 덕분이다.

물론 건강과 신체 단련은 중요하다. 다만 이런 현상이 중요한 진실 한 가지를 외면하는 데로 이어진다는 점을 지적하려는 것이다. 우리가 불멸의 존재가 아니라는 것을 알면서도 마치 불멸의 존재인 것처럼 살려고 하는 모습 말이다. 현대인은 은퇴 이후의 삶을 끔찍하게 여긴다. 그때에는 젊어서 익숙하게 해오던 일을 더 이상 할 수 없기 때문이다. 그렇다면 죽음에 대해서는 어떨까? 현대인에게 죽음은 상상조차 할 수 없는 일이다. 그래서 각 세대는 마치 그들의 다음 세대인 것처럼 산다. 할머니, 할아버지가 된 60대들이 자신은 다시 새롭게 40대가 되었다고 여기는 식이다. 실제로 우리 대부분은 자신이 실제 나이보다 어리다고 믿는다. 그래서 우리는 피할 수 없는 일을 계속 미룬다.

삶에 대한 낙관적인 태도는 그 자체로 좋다. 다만 건전한 현실주의를 어느 정도 가미해야 한다. 예수님이 우리를 그의 영원한 나라로 이끌어 가기 위해 다시 오실 것이다. 그러나 그때가 오기 전까지 우리는 모두 죽음을 맞이한다. 시편 기자는 충격적인 현실을 보여줌으로써 우리를 바로잡아 준다.

주님은 대대로 우리의 거처이셨습니다.
산들이 생기기 전에,
땅과 세계가 생기기 전에,
영원부터 영원까지, 주님은 하나님이십니다.

주님께서는 사람을 티끌로 돌아가게 하시고
"죽을 인생들아, 돌아가거라" 하고 말씀하십니다.
주님 앞에서는 천년도
지나간 어제와 같고,
밤의 한 순간과도 같습니다.
주님께서 생명을 거두어 가시면,
인생은 한 순간의 꿈일 뿐,
아침에 돋아난 한 포기 풀과 같이 사라져 갑니다.
풀은 아침에는 돋아나서 꽃을 피우다가도,
저녁에는 시들어서 말라 버립니다.

(시 90:1-6)

이 시편은 우리로 하여금 현실을 직시하게 한
다. "오늘은 여기 있다가 내일은 사라지리라." 이
말은 단지 상투적인 표현이 아니다. 인생의 덧없음
을 정확히 표현한 문장이다.

영원의 광대함에 비하면 천 년 세월은 아무것
도 아니며, 인간 수명은 그보다 보잘것없다. 우리
는 끊임없는 쇠락과 부패의 과정을 지켜봐야 한다.
아침 이슬을 맞으며 무성하게 자란 풀이 그날 저녁
가축 사료로 쓰인다. 이처럼 인간도 이 타락한 세
상에서는 결국 죽기 위해 태어난 존재다. 좋든 싫

든 이것이 에덴동산 이후 모든 인류의 공통된 운명이다.

이사야 선지자도 인간의 부패와 죽음에 대해 이와 유사하게 묘사하지만, 마지막에 영원한 소망에 대한 하나님의 약속을 더하고 있다.

모든 육체는 풀이요,
그의 모든 아름다움은 들의 꽃과 같을 뿐이다.
주님께서 그 위에 입김을 부시면,
풀은 마르고 꽃은 시든다.
그렇다. 이 백성은 풀에 지나지 않는다.
풀은 마르고 꽃은 시드나,
우리 하나님의 말씀은 영원히 서 있다.

(사 40:6-8)

결국 이 세상에 영원한 것은 없다.

인간의 생명은 참으로 연약하다. 호흡이 끊기거나 심장 박동이 멈추면 바로 죽음에 이른다. 생명과 죽음 사이에는 기껏해야 짧은 호흡, 미약한 심장 박동이 있을 뿐이다. 우리 중에도 주기적으로 죽음의 위험을 마주하는 이들이 있다. 그러나 감사하게도 대부분의 사람은 죽음에 대해 심각하게 생각하지 않아도 되는 삶을 살고 있다.

그러나 이런 생각이 한순간에 뒤바뀔 때가 있다. 때로 죽음의 사자가 갑자기 그것도 극렬하게 우리를 휘저을 때가 온다. 비극적인 사고를 당할 수도 있고, 강력 범죄의 희생자가 되거나 심각한 질병을 앓게 될 수도 있다. 이런 갖가지 재앙이 갑자기 찾아올 때면 비로소 우리가 불멸의 존재가 아님을 깨닫게 된다. 이런 끔찍한 순간에는 우리가 가진 회복 탄력성이 더 이상 남지 않는다. 우리 자신이나 우리가 사랑하는 이들이 곧 죽게 된다는 이야기를 들었을 때, 평온하고 침착한 태도를 유지할 수 있겠는가?

영원한 것은 없다. 안정을 원한다면 이 격동적인 세상 바깥에 닻을 내려야 한다.

●

이사야 선지자는 "우리 하나님의 말씀은 영원히 서 있다"고 기록했다(사 40:8). 하나님은 존재 자체가 영원한 분이므로 그분의 말씀도 영원하다. 그 외에 영원한 것은 없다.

거울을 한번 보라. 갑자기 흰머리가 나거나 반갑지 않은 주름이 생기는 것을 본 적이 있는가? 그때마다 우리는 자신이 늙어 간다는 사실에 깜짝 놀라곤 한다. 자신만은 어떻게든 시간의 흐름을 피할 수 있다고 생각하고 있기 때문이리라.

그렇지 않다는 사실을 우리는 당연히 알고 있어야 한다. 대부분의 어른은 아이들의 키가 쑥쑥 자라고, 갓난아기들이 갑자기 아장아장 걷게 되는 것을 보며 산다. 그런데 막상 우리가 한창 일할 나이에 도달하면 아무런 근거도 없이 영원히 그 자리에 머물러 있을 거라고 생각해 버린다. 이 썩어 가는 세상에서는 누구도 죽음을 피할 수 없는데도 말이다.

노인들만 죽는 것이 아니다. 나는 그동안 한창 일할 나이의 성인들뿐 아니라 어린아이들의 장례도 치러야 했다. 젊은 나이에 죽은 내 사랑하는 사위에 대해서는 앞에서도 이야기했다. 가까운 이들의 죽음은 우리를 삼켜 버린다. 죽음을 지켜본 이들은 누구라도 그 상실이 가져오는 슬픔이 얼마나 아픈지, 그 비탄이 얼마나 지독한지 잘 알 것이다.

여기에 변함없는 진리가 하나 있다. 예수님이 자신의 신부인 교회를 데리러 다시 오실 때까지 이 땅에 죽음은 사라지지 않는다. 그 마지막 날에 예수님은 부활의 능력으로 땅의 티끌 가운데 잠자는 모든 성도를 일으켜 세워 영원한 영광으로 이끌어

갈 것이다. 그렇다고 그때까지는 예수님이 우리를 버려둔 채 계시는 것이 아니다. 우리는 이 죽음의 세상에서 시간만 허비하고 있는 것이 아니다. 우리는 영원에 닻을 내리고 있다. 예수님은 당신이 역경을 겪고, 인생의 가장 어두운 골짜기에 서 있는 그때에도 매 순간 당신과 함께하겠다고 약속하신다. 예수님은 그분의 살아 있는 영원한 말씀에 자신의 임재를 꽉 묶어 두셨다.

●

예수님은 베드로에게 "내가 너희에게 한 이 말은 영이요 생명이다"라고 말씀하셨다(요 6:63). 우리 삶이 곤경에 처했을 때나, 우리에게 뜻하지 않은 고난이 밀려올 때 우리는 예수님의 말씀에 귀 기울여야 한다. 예수님은 자신의 말씀에 생명을 주시는 영을 결부시키신다.

　베드로는 주님의 말씀에 귀 기울이고 있었다. 그래서 예수님이 제자들에게 자신의 가르침을 거부한 다른 이들처럼 그들도 떠날 것인지 물으셨을 때, 베드로는 남은 제자들을 대표해서 이렇게 대답할 수 있었다. "주님, 우리가 누구에게로 가겠습니까? 선생님께는 영생의 말씀이 있습니다."(요 6:68)

삶이 내리막길로 치닫고 있다고 느낄 때나 인생에서 커다란 상실을 경험할 때가 있다. 이때 당신이 혼자만의 생각에 빠지다 보면 자칫 예수님이 당신 혼자 최선을 다해 그 상황을 헤쳐 나가도록 버려두신 것은 아닌지 의심이 들 수 있다. 우리를 둘러싼 세상이 전부 우리 길을 방해하는 것처럼 느껴질 때, 사람들은 종종 하나님도 우리를 막아서고 계신다고 생각할 수 있다. 오랜 시간 계속되는 고통이든, 짧게 끝나는 깊은 어둠의 시간이든 당신이 하나님과 당신이 아는 모든 이에게 버림받았다고 느낄 때가 있다. 단 1초도 이런 거짓에 속아서는 안 된다. 예수 그리스도는 살아 있는 은혜와 소망의 말씀으로 당신과 함께하겠노라고 약속하셨다.

당연히 이때 우리에게 필요한 것은 믿음이다. 그런데 인생에서 가장 깊은 골짜기와 가장 불안한 순간을 지날 때는 좀처럼 믿음이 생기지 않는다. 그 위기를 견뎌 내고 계속해서 잘 살아 내기 위해 필요한 이 믿음을 어디에서 찾을 수 있을까? 그곳은 당신이 예수님을 만나는 곳과 똑같다. 바로 주님의 말씀이다. "믿음은 들음에서 생기고, 들음은 그리스도를 전하는 말씀에서 비롯"된다(롬 10:17).

말씀이 어떻게 일하는지 보자. 우선 불행을 상

대하기 위해서는 혼자만의 생각에 빠져들지 말고 자신에게서 벗어나야 한다. 스트레스 상황에 처하면 두려움과 의심이 우리 마음속에 있는 끊임없는 불안과 고통이라는 고리를 타고 끝없이 순환한다. 두려움이 의심을 낳고, 의심이 두려움을 증폭시키는 이 끔찍한 순환을 끊어 버리라. 그다음에 큰 소리로 예수님에게 기도할 수 있는 조용한 장소를 찾으라. 그리고 성경을 펴서 예수님의 말씀을 큰 소리로 읽으라. 그분의 말씀은 영이요, 생명이다.

당신이 읽고 있는 바로 그 예수님의 말씀이 당신이 기도하는 데 필요한 믿음을 줄 것이다. 그러니 그다음에는 큰 소리로 기도하고 찬양하고 간구하고 감사하라. 주님 앞에 어떤 것도 감출 필요가 없다. 그분의 고요한 임재 안에서 기도로 당신의 비통한 마음을 당당하게 전부 쏟아 내라.

고난이 닥칠 때, 썩어 가는 이 세상의 어둠이 당신을 움켜쥐려 할 때, 당신이 있어야 할 자리는 오직 한 곳이다. 고립은 좋은 선택이 아니다. 개인적인 고난이나 공공의 재난을 혼자서 헤쳐 나갈 수는 없다. 다행히 당신은 그런 선택을 할 필요가 없다. 예수님에게로 나아가라. 그분에게는 영생의 말씀이 있다.

그리고 그 말씀이 바로 당신의 생명이다.

나에게는, 사는 것이 그리스도이시니,
죽는 것도 유익합니다.

빌립보서 1:21

생명이신 그리스도

●

어린아이들이 몸으로 하는 놀이 중에 "장미 주위
를 돌자"(ring around the rosy)라는 것이 있다. 아이
들이 서로 손을 잡고 동그랗게 원을 만들어 돌면서
이런 노랫말을 부른다.

장미rosy 주위를 돌자
주머니 가득 꽃다발posy을 채우고
잿더미ashes! 잿더미!
우리 모두 쓰러졌네.

이 놀이에서는 마지막 노랫말 "우리 모두 쓰러
졌네"를 부를 때 가장 먼저 쓰러지는 아이가 살아
남고, 나머지 아이들은 마지막 한 명이 남을 때까
지 계속 돌면서 노래한다. 이 놀이를 할 때 최후까
지 남아 있고 싶은 아이는 없을 것이다. 어린 시절

에는 이 동요 가사를 대수롭게 여기지 않았다. 다른 고전 동요들처럼 이 가사의 정확한 의미도 여러 세대를 거치면서 민속 문화 속에 묻혀 버렸다. 다만 몇몇 전문가는 이 게임이 중세 시대에 유행한 치명적인 전염병을 조롱하기 위해 시작되었다고 추측한다. 피부에 장밋빛(rosy) 발진이 생기는 것은 이 전염병의 첫 번째 감염 증상이었다. 그리고 꽃과 허브로 만든 작은 꽃다발(posy)이 죽음을 막아 준다고 생각했다. 그리고 잿더미(ashes)가 되어 쓰러지는 것은, 이 질병이 가져오는 암울한 최종 결과를 의미한다.

당시의 어린아이들이 죽음을 하나의 놀이로 만들었다는 이야기를 들으면 현대인들은 경악할 것이다. 그런데 현대인이 이렇게 반응하는 모습에서 우리는 당시 세상보다도 오히려 오늘날 세상에 대해 더 많은 것을 알게 된다. 우리는 죽음과 거리 두고, 가능한 그 주제로 이야기하는 것을 꺼린다는 것이다.

이와는 대조적으로 성경은 죽음에 대해 자주 언급한다. 그런데 기독교인들은 현대인들이 가지는 죽음에 대한 건강하지 못한 공포증을 너무 쉽게 받아들였다. 우리도 죽음에 대해 이야기하기를 꺼려한다. '죽음'이나 '임종'같이 직접적인 표현을 삼가고, 완곡한 표현을 사용하는 오늘날의 문화를 답습하고 있다. 죽은 인간의 몸을 폐기해야 할 빈 껍데기 취급을 한다. 누군가 죽었을 때 "[이승을] 떠났다"고 말한다. 장례식을 "인생 송별회"(celebrations of life)라고 부르기를 좋아한다. 시체를 땅에 묻는 매장보다는 화장을 선호한다.

우리는 이런 문화에 대해 경각심을 가져야 한다. 장례를 어떻게 치를 것인지에 대해서는 다양한 전통이 있다. 또 화장하는 것이 합당한 경우도 있다. 애도는 물론 사적인 영역에 속한다. 하나님이 분명하게 지시하시지 않은 영역에 대해서는 당연히 함부로 이야기해서는 안 되는 것도 사실이다. 그러나 우리가 죽음에 대해 그리스도인이 가져야할 근본적인 믿음에 대해서 더 자주, 더 솔직하게 이야기해야 할 필요도 분명 존재한다.

●

성경에 따르면, 죽음은 우리의 대적이다. 하나님의 완벽한 창조 세계에 죽음이 침투해 들어온 사건은 너무나 충격적이다. 하나님은 우리의 첫 조상 아담과 하와가 에덴동산에서 선악을 알게 하는 나무 열

매를 먹는 것을 금하셨다. "그것을 먹는 날에는, 너는 반드시 죽는다."(창 2:17) 하지만 그들은 먹었고, 그래서 죽었다. 그들과 그들의 자녀들, 그리고 오늘날까지 이어지는 각 세대는 대대로 이 원죄의 결과에 굴복하였고, 그로 말미암아 다른 모든 범죄를 양산해 냈다.

죽음을 다루는 일은 결코 쉽지 않다. 죽음은 철저하게 외면할 수도 없고, 그렇다고 아무렇지 않게 받아들일 수도 없다. 사람들은 죽음이 궁극적으로 분열이라는 사실, 즉 육체와 영혼의 분리요 몸과 숨의 분리라는 점은 인식하지 못한 채, 단순히 "존엄한 죽음"에 대해서 이야기할 뿐이다.

그러나 이 분리는 영원하지 않다. 다만 내가 강조하고 싶은 사실은, 당신이 죽음을 준비해야 한다는 것이다. 충격적인가? 내게는 당신에게 결례를 범할 뜻이 전혀 없다. 수세기에 걸쳐 교회는 늘 죽어 가는 이들의 존엄을 정중하게 지켜 왔다. 그리고 진실을 말하자면, 우리 모두는 죽어 가고 있다.

갓난아기부터 요양원에 있는 노인까지, 우리 모두는 죽어 가는 과정 속에 있다. 죽음을 준비하는 것은 그리스도인의 삶의 한 부분이다. 우리 믿음의 선조들은 같은 믿음을 가진 이들이 이른바 "복된 죽음"을 준비하는 일에 관심을 기울였다. 이 "복된 죽음"은 우리 주 예수 그리스도 안에 있는 영생에 이르는 부활에 대한 확실한 소망의 믿음을 가지고 잠드는 것을 의미한다.

우리가 살아가면서 마주하는 고난을 이겨 내려면 언제나 그리스도의 위로와 위안이 필요하다. 그러나 우리가 삶의 끝자락에 다다랐을 때에야말로 그분의 위로가 가장 필요한 순간이다. 그리고 그때 우리 초점은 계속해서 예수 그리스도를 향한다. 살아서나 죽어서나 그리스도는 길이요 진리요 생명이시다. 우리는 살아도 주님을 위하여 살고, 죽어도 주님을 위하여 죽는다. 그러므로 우리는 살든지 죽든지 주님의 것이다(롬 14:8).

예수님은 인간의 육체를 가진 우리의 형제로써 이미 죽음을 이기셨다. 그분의 육체는 우리를 구원하기 위한 도구였다. 우리와 같은 살과 뼈를 가지고 우리 죄를 짊어지셨다. 그분은 십자가에서 육체와 영혼에 극심한 고통을 겪으셨다. 사흘 후 그분의 부활이 우리의 구원을 이루는 절정이었지만, 이 모든 것은 그분의 십자가에서 시작되었다. 그리스도의 죽음과 부활, 십자가와 빈 무덤은 우리 구원의 전체 과정을 둘러싼 시작과 끝이다. 예수님이 무덤에서 승리하시고 죽음을 정복하셨다. 그러므로 우리도 승리하고 정복할 것이다.

예수님은 우리와 같은 피와 살을 가지시고 죽음을 정복하시고 지옥을 뒤집어엎으셨다. 갈보리에서 예수님의 육체는 하나님의 기름 부음 받은 자들을 멸망시키려는 음모를 꾸미는 사탄에게 미끼가 되어 삼켜졌다. 그러나 예수님의 신성은 사탄을 멸망시키고 그의 모든 권세를 무너뜨리는 낚싯바늘이 되어, 우리를 죄와 사망과 지옥의 속박에서 구출하였다.[4]

이 자녀들은 피와 살을 가진 사람들이기에, 그도 역시 피와 살을 가지셨습니다. 그것은, 그가 죽음을 겪으시고서, 죽음의 세력을 쥐고 있는 자 곧 악마를 멸하시고, 또 일생 동안 죽음의 공포 때문에 종노릇하는 사람들을 해방시키시기 위함이었습니다.

(히 2:14-15)

예수님은 스스로의 죽음으로 사망을 이기셨다. 사탄은 삼키는 자가 되려 했지만 도리어 삼켜지는 자가 되었다. 하나님은 죽으실 수 없는 분이기 때문이다. 하나님이신 예수님은 생명 그 자체이므로 감히 죽음이 그분을 다스릴 수 없다. 완전한 하나님이자 완전한 사람이신 예수님은 인간의 몸으로 고난받으시고 죽으시고 부활하셨다. 온전한 살과 피를 가지신 예수님은 죽음을 멸하시고, 우리를 사로잡고 있던 그 죽음을 사로잡으셨다.

●

세례를 통해 그리스도인은 죽음과 지옥을 이기고 승리하신 예수님의 십자가와 부활에 동참하게 된다. "그러므로 우리는 세례를 통하여 그의 죽으심과 연합함으로써 그와 함께 묻혔던 것입니다. 그것은, 그리스도께서 아버지의 영광으로 말미암아 죽은 사람들 가운데서 살아나신 것과 같이, 우리도 또한 새 생명 안에서 살아가기 위함입니다."(롬 6:4)

그 생명이 이제 당신의 것이다. 당신이 세례를 통해 그리스도와 함께 죽었으니, 이제는 그리스도와 함께 그 생명 또한 누리게 된다. 그리스도 안에 있는 이 생명이 당신의 삶을 지탱해 준다. 그러니 당신은 매일매일 언제나 이 생명을 의지하여 살 수 있다. 밝고 행복한 날들뿐 아니라 어둡고 고통스러운 날들에도 마찬가지다.

그리스도 안에서 세례를 받는다는 것은 그리스도로 옷 입는 것이라고 말할 수 있다. 이제 당신은 그리스도 안에서 살고, 그분은 당신 안에서 사신다. 바울은 이렇게 썼다. "나는 그리스도와 함께 십자가에 못 박혔습니다. 이제 살고 있는 것은 내가 아닙니다. 그리스도께서 내 안에서 살고 계십니다. 내가 지금 육신 안에서 살고 있는 삶은, 나를 사랑하셔서 나를 위하여 자기 몸을 내어 주신 하나님의 아들을 믿는 믿음 안에서 살아가는 것입니다."(갈 2:20)

이러한 사실은 죽음을 앞둔 그리스도인의 모든 것을 바꿔 버린다. 그리스도와 함께 세례받음으로써 당신은 이미 죽음에서 벗어났다. 무덤은 더 이상 제 역할을 하지 못한다. 모든 것을 파멸시키는 사망 권세는 예수님의 죽으심과 부활하심으로 말미암아 이미 제거되었다. 예수님이 부활절에 영광스럽게 일어서시기 전까지 사흘 동안 무덤에 누워 계셨다. 마찬가지로 성도들도 이 세상에서는 잠시 잠들어 있지만, 때가 되면 영원한 영광 가운데서 온전한 영혼과 육체를 가진 모든 성도와 함께 일으키심을 받을 것이다.

우리는 좋은 때나 나쁜 때나 언제나 변함없이

이러한 소망을 가진다. 이 소망의 근거가 그리스도와 그분의 확실한 말씀이기 때문이다. 예수 그리스도는 언제나 우리를 안전하게 지켜 주신다. 기쁘고 평안할 때도, 고통스럽고 아픈 시절에도, 괴롭고 끔찍한 고난이 닥쳐올 때도 우리의 안전은 예수님의 피와 그분이 이루신 의에 달려 있다. 주님은 우리의 견고한 반석이시고, 우리 삶에 놓여 있는 다른 것들은 전부 가라앉는 모래에 불과하다. 항상 주님의 돌보심에 당신 자신을 맡기라. 그리하면 아무것도 잃어버리지 않고 모든 것을 얻을 것이다. 그리하여 바울이 말한 고백을 당신도 할 수 있게 될 것이다. "나에게는, 사는 것이 그리스도이시니, 죽는 것도 유익합니다."(빌 1:21)

●

그럼에도 죽음이 두렵다는 사실은 변하지 않는다. 그러나 이 사실을 기억하라. 당신은 그리스도 안에서 세례를 받았고, 죄와 죽음에 관해서는 이미 죽은 자다. 이제 당신에게 바랄 것은 생명밖에 없다. 이 땅에 사는 동안 당신은 지금 이곳에서 매일매일 이 생명을 누릴 것이며, 이후에는 천국의 즐거운 평화 속에 그것을 누리게 될 것이다.

우리는 매일 잠자리에 들 때, 아침에 일어날 것을 기대하면서 다음 날 입을 옷을 준비한다.

내게 삶을 가르쳐 주소서.
무덤을 침대만큼이나 무서울 것 없게 여기도록.
내게 죽음을 가르쳐 주소서.
크고 두려운 날에 영광스럽게 일어나도록.[5]

죄로 가득한 이 땅에 사는 동안 어두운 밤과 깊은 골짜기는 항상 우리 곁에 있다. 오랜 시간 고통 속에 머무를 수도 있고, 두려움과 염려로 가득한 인생을 살아갈 수도 있다. 그러나 그 앞에는 더 좋은 날이 기다리고 있다. 사실 그날은 영원한 영광의 날이다. 현재 우리가 겪는 고난은, 장차 우리에게 나타날 영광에 견주면, 아무것도 아니다(롬 8:18).

●

사람들이 죽음을 두려워하는 가장 큰 이유 중에 하나는 죽음을 홀로 맞이해야 한다는 생각 때문이다. 그러나 당신이 그리스도인이라면 이 사실을 알아야 한다. 당신의 죄와 당신의 슬픔을 자기 몸에 짊어지고 죽으신 예수 그리스도는 그것들을 모두 그분의 무덤에 묻어 버리셨다. 그리고 영광스럽게 부활하셔서 이제는 영원히 살아 계신다. 그리스도께서 죽었다가 다시 살아나심으로써, 그분은 사망의 쏘는 것을 제거하시고, 모든 신실한 이에게 주어진 생명과 불멸을 깨닫게 하셨다.

장담하건데, 당신이 죽는 그날 그 시간에 당신은 결코 혼자가 아닐 것이다. 예수께서 그곳에 계셔서 당신을 데리고 죽음의 위험과 무덤을 통과해 찬란한 하늘 궁전으로 인도하실 것이다. 그곳에서 예수님은 이미 살아나셔서 성부와 성령과 함께 이제로부터 영원토록 다스리신다.

주님은 죽임을 당하시고,

주님의 피로

모든 종족과 언어와

백성과 민족 가운데서

사람들을 사서

하나님께 드리셨습니다.

주님께서 그들을 우리 하나님 앞에서

나라가 되게 하시고,

제사장으로 삼으셨습니다,

그래서 그들은

땅을 다스릴 것입니다

요한계시록 5:10-11

고난 가운데 있을 때 예수님은
당신을 버려두지 않으신다.
당신을 위로하고 계신다.
그런데 이 위로를 받으려면
눈에 보이지 않는 것들을
볼 줄 알아야 한다.

●

그리스도를 따르는 길에는 반드시 고난이 함께한
다. 그래서 우리 모두는 고난을 당하지만, 막상 고
난이 닥쳤을 때 어떻게 대처해야 할지 몰라 당황
하는 경우가 많다. 갈릴리 바다를 건너던 제자들은
폭풍우가 몰아치자 공포에 떨며 애타게 예수님을
찾았다. 그런데 그때 예수님은 배 뒤편에서 주무시
고 계셨다. 겁에 질린 제자들이 예수님을 불렀다.
"선생님, 우리가 죽게 되었는데도, 아무렇지도 않
으십니까?"(막 4:38) 그들이 탄 배는 거의 가라앉고
있었기에 그들에게는 다른 선택의 여지가 없었다.
그래서 예수님에게 도움을 요청한 것이다. 고통과
불확실성은 우리도 그렇게 하게 만든다.

예수님은 우리가 곤경에 처했을 때 어떻게 해
야 하는지에 대해 강론해 주셨다. 하나님이 모든
피조물을 돌보시기 때문에 우리가 일상의 필요 때

문에 초조해할 이유가 없다고 하셨다. 하나님이 사랑으로 온 세상을 돌보신다는 증거는 온 세상에 가득한데, 나뭇가지에서 지저귀는 새들이나 햇살에 흔들리는 꽃들만 봐도 알 수 있다고 하셨다.

> 공중의 새를 보아라. 씨를 뿌리지도 않고,
> 거두지도 않고, 곳간에 모아들이지도 않으나,
> 너희의 하늘 아버지께서 그것들을 먹이신다.
> 너희는 새보다 귀하지 아니하냐?
> 너희 가운데서 누가, 걱정을 해서,
> 자기 수명을 한 순간인들 늘일 수 있느냐?
> 어찌하여 너희는 옷 걱정을 하느냐?
> 들의 백합화가 어떻게 자라는가 살펴보아라.
> 수고도 하지 않고, 길쌈도 하지 않는다.
> 그러나 내가 너희에게 말한다.
> 온갖 영화로 차려 입은 솔로몬도
> 이 꽃 하나와 같이 잘 입지는 못하였다.
>
> (마 6:26)

곤경에 처해 낙심되거나 두려울 때, 우리는 그 폭풍우 속 제자들의 본을 따라야 한다. 바로 기도로 예수님에게 나아가는 것이다.

기도는 하나님이 우리에게 주신 명령이자 약속이다. "재난의 날에 나를 불러라. 내가 너를 구하여 줄 것이요, 너는 나에게 영광을 돌리게 될 것이다." (시 50:15) 이 말씀에 따라 나는 곤경에 처했을 때 재빨리 하나님에게 도움을 요청한다. 하지만 그 이후에 하나님에게 감사드리는 것은 잊어버리는 경우가 많다.

●

"하루에 하나씩"은 자가 치료나 중독 회복 치료 과정에서 꼭 필요한 것이다. 이 구호에는 여러 가지 실천적 지혜가 담겨 있다. 예를 들어, 주기도문에서 예수님은 우리에게 필요한 것을 날마다 구하라고 가르치신다. "오늘 우리에게 필요한 양식을 내려 주시고."(마 6:11) 알 수 없는 미래를 알려고 너무 애쓸 필요 없다. 그것은 도리어 우리에게 두려움만 심어 줄 뿐이다.

고난이 닥치면 우리는 아직 발생하지도 않은 문제들을 미리 걱정하곤 한다. 허둥지둥하며 앞으로 어떻게 될지 궁금해 하고 끊임없이 염려한다. 우리 마음에 "오, 안 돼", "왜 하필 나야", "이제 난 어쩌지" 등과 같은 생각들이 가득 차게 되면, 사랑으로 계획하고 돌보시는 하나님을 믿는 믿음은 그 생각들 때문에 밀려나 버린다.

우리는 고난의 한가운데 들어서면 이후에 다가올 더 큰 고난에 집착하기 쉽다.

예수님은 매일매일, 또한 특별히 역경에 처했을 때 우리 마음을 쉽게 지배하는 불안과 염려를 잠재우기 원하신다. 이를 위해 예수님은 공중의 새와 들의 꽃을 보여 주신다. "그러므로 무엇을 먹을까, 무엇을 마실까, 무엇을 입을까, 하고 걱정하지 말아라. 이 모든 것은 모두 이방 사람들이 구하는 것이요, 너희의 하늘 아버지께서는, 이 모든 것이 너희에게 필요하다는 것을 아신다. 너희는 먼저 하나님의 나라와 하나님의 의를 구하여라. 그리하면 이 모든 것을 너희에게 더하여 주실 것이다."(마 6:31-33)

하나님 나라는 이미 도래해서, 예수님과 그분의 변함없는 사랑 안에 구현되었다. 십자가에서 그분의 살과 피를 드림으로써 그리스도가 획득한 의는 복음과 성례전을 통해 우리에게 값없이 주어졌다. 그러므로 그리스도의 의는 또한 우리의 의다. 이렇게 확실한 보장이 있기에, 우리는 이 소망을 단단히 붙잡음으로써 미래에 닥칠 알 수 없는 시련에

11. 당신의 승리,

맞설 수 있다. "그러므로 내일 일을 걱정하지 말아라. 내일 걱정은 내일이 맡아서 할 것이다. 한 날의 괴로움은 그날에 겪는 것으로 족하다."(마 6:34) 우리에게는 날마다 걱정거리와 가슴 아픈 일과 골칫거리가 가득하다. 그러니 내일 벌어질 어려움까지 미리 가져와서 걱정할 필요는 없다.

예수님은 우리가 그분이 주실 복을 믿고, 하나님 아버지의 사랑을 확신하면서, 하루하루를 있는 그대로 받아들이며, 상실과 고난에 맞서라고 가르치신다. 주님은 우리가 가지는 두려움을 가볍게 여기지 않으신다. 그분은 우리와 똑같이 살과 피를 가지셨기에 인간의 마음에는 걱정이 자연스럽게 따라온다는 것을 온전히 알고 계신다. 그래서 그분이 우리에게 요구하시는 것은, 내일 일을 걱정하지 말라는 것이다.

우리는 어떤 일들로 걱정과 불안에 빠지는 대신 그것들을 예수님에게 가져갈 수 있다. 예수님은 그분의 풍성한 사랑 안에서 우리의 두려움을 잠잠케 하시고, 우리의 걱정을 잠재우신다. 하루에 하나씩.

●

기도는 개인적으로 고통을 겪을 때뿐 아니라 국가

적인 재난 사태 때도 결정적인 역할을 한다. 다만 이때 감사 기도가 항상 따라와야 한다.

감사 기도는 오랜 세월 동안 그리스도인들에게 매우 중요한 역할을 해왔다. 감사 기도는 박해와 순교의 시대에 초대 교회를 지탱해 주었다. 또한 중세 시대에 창궐한 지독한 흑사병으로부터 교회를 지켜 주었다. 다사다난했던 20세기에 그리스도인이 비전을 품게 했으며, 불확실함으로 가득한 21세기를 살아가는 우리를 이끌어 가고 있다. 감사 기도는 당신이 가장 어두운 시절, 가장 깊은 골짜기를 지날 때에도 큰 도움이 될 것이다.

주님께서 가까이 오셨습니다. 아무것도 염려하지 말고, 모든 일을 오직 기도와 간구로 하고, 여러분이 바라는 것을 감사하는 마음으로 하나님께 아뢰십시오. 그리하면 사람의 헤아림을 뛰어 넘는 하나님의 평화가 여러분의 마음과 생각을 그리스도 예수 안에서 지켜 줄 것입니다.

(빌 4:5-7)

이 구절에서 바울은, 예수님이 산상수훈을 통해 하신 말씀을 해설한다. 그리스도인들이 자신이 가

11. 당신의 승리,

진 괴로움을 예수님, 곧 자기 피로 우리를 사신 분에게 가져갈 때 우리의 염려는 사라진다. 예수님은 우리 가까이에 계시므로, 우리 안에 두려움이 계속 자라도록 놓아둘 필요가 없다. 우리는 우리의 괴로움을 그때그때 예수님 안에서 믿음으로 "오직 기도와 간구로, 감사하는 마음으로" 하나님에게 아뢸 수 있다.

우리가 하나님에게 감사를 잘하지 못하는 이유는 기도하고 간구하면서 동시에 감사하는 법을 배우지 못해서일 수 있다. 감사는 자연스럽게 나오지 않는다. 우리는 곤경에 빠졌던 일이 해결될 때까지 기다렸다가, 고난이 지나가고 살아남은 이후에야 감사를 드리곤 한다. 그런데 말씀을 잘 살펴보면, 바울은 가장 먼저 하나님에게 감사하라고 가르친다. 도고를 드릴 때 감사도 함께 드린다. 이렇게 감사할 때 은혜가 따라온다.

고난 중에 있을 때 감사하기는 어렵다. 정신적 충격에 사로잡힌 나머지 감사할 생각은 떠오르지도 않는다. 우리는 몇몇 끔찍하게 잘못되는 일에 너무 집중한 나머지, 잘되고 있는 수많은 일은 잊어버리고 만다.

우리가 받은 수많은 복이 일상에 널려 있어서,

우리는 그것을 그냥 지나쳐 버리기 쉽다. 옷과 신발, 음식과 음료, 집과 가정, 배우자와 자녀, 일과 수입 등. 우리 삶에 필수적인 이 모든 것을 우리는 당연하게 여기고, 하나님이 주시는 선물로 여기지 않을 때가 많다. 그러나 우리에게는 이것들을 받을 어떤 공로나 합당한 자격이 없다. 그럼에도 하나님은 순전히 아버지의 마음으로, 그분의 선하심과 자비하심 가운데 이 모든 것을 우리에게 선물로 주신다.

게다가 우리는 이 모든 땅에 속한 선물들보다 귀한 구원의 선물, 곧 하나님 나라와 의를 받았다. 이것은 그리스도께서 얻으셔서 우리에게 값없이 주신 것이다. 이것이 우리가 기도할 때 감사를 빼먹어서는 안 되는 이유다.

기도할 거리는 차고 넘친다. 폭풍우가 몰아치고 죄로 인해 지치게 만드는 이 세상에서 끊임없이 찾아오는 고난은 우리로 하여금 항상 기도하고 간구하게 만든다. 그러나 당신이 가슴 아픈 순간들과 불행한 시기를 보낼 때에도 여전히 감사할 거리가 많다는 사실을 기억하라.

예수님 안에서 주어지는 하나님의 은혜를 기억할 때 감사가 흘러나온다. "항상 기뻐하십시오. 끊임없이 기도하십시오. 모든 일에 감사하십시오. 이 것이 그리스도 예수 안에서 여러분에게 바라시는 하나님의 뜻입니다."(살전 5:16-18) 슬픔 중에도 예수님 안에는 기쁨이 있다. 그분은 가장 힘든 고통 속에 있는 우리를 보시고, 우리에게 복을 내려 주신다.

●

어둠을 무서워하는 한 아이에 대한 오래된 이야기가 있다. 무시무시한 천둥 번개가 몰아치던 어느 날 밤, 그 아이는 몹시 두려워하며 울부짖었다. 아이의 아빠가 그를 진정시키려 이야기를 꺼냈다. "얘야, 두려워하지 않아도 된단다. 예수님이 너와 함께 계신다는 것을 알고 있지?" 아이가 대답했다. "예, 알고 있어요." 그러고는 이 말을 덧붙였다. "그런데 제게는 손으로 만질 수 있는 분이 필요해요."

이 차이를 알겠는가? 우리는 눈에 보이고 손에 잡히는 것이 있을 때에야 비로소 안심하는 경향이 있다. 이렇게 눈에 보이는 것들에 집착하게 되면, 눈에 보이지 않는 것들에 주목하기 어렵다. 그런데 그리스도인들이 바라는 소망은 영적 실재들에 초점을 맞춘다. 그리고 이 영적 실재들은 물론 실제로 존재한다. 예수님은 아무런 증거도 남겨두지 않고 우리를 떠나가신 게 아니었다. 우리는 도마처럼 예수님을 눈으로 보거나 손으로 만질 수는 없다. 하지만 주님은 말씀과 세례와 빵과 포도주를 통해 자신을 드러내신다. 예수님의 십자가와 무덤은 역사상으로나 지리상으로 우리와는 너무나 멀리 떨어져 있다. 그러나 예수님은 지금도 말씀과 성례전을 통해 우리에게 용서와 생명과 구원의 선물을 계속 베풀고 계신다. 그런데도 우리는 손으로 만질 수 있는 누군가를 찾는다. 우리에게는 여전히 믿음보다는 눈에 보이는 것을 따라가려는 경향이 남아 있다.

역경이 계속되고, 나아질 기미가 보이지 않을 때, 이를 견뎌 내는 것은 쉽지 않다. 그래서 믿음으로 살아갈 때 낙담은 더욱 쉽게 찾아온다. 사랑하는 사람을 잃었을 때, 직장을 잃었을 때, 결혼 생활이 끝났을 때, 명예와 평판을 잃었을 때가 그렇다. 눈에 보이는 현실만 바라본다면, 하나님이 당신을 떠나셨다고 생각할 수도 있다. 당신의 눈에는 오직 고통과 어둠만이 보일 수 있다. 노쇠해지는 육체, 암울한 미래, 끝없이 이어지는 극심한 통증 등. 이럴 때는 어디에서도 하나님을 찾을 수가 없다. 하나님이 먼 우주 어딘가로 떠나 버리신 것 같다는 생각만 가득할 지도 모른다.

내가 이 책을 쓴 목적 중 하나는 당신이 하나님을 올바른 장소에서 발견하도록 돕는 것이다. 흔히 하는 실수 중 하나가 우리 삶이 고달파질 때 하나님이 우리를 떠났다고 여기는 것이다. 실제로는 그 반대다. 하나님을 어디에서 찾을 수 있는지를 모르기 때문에 그렇게 생각하는 것이다. 예수님의 신성은 그분의 인성 속에 감추어져 있다. 예수님의 영광은 그분의 수치와 고통 속에서 드러났다. 이와 마찬가지로 예수님은, 당신이 인생에서 가장 낮은 자리에 있을 때에 당신과 가장 가까이에 계신다.

고난 가운데 있을 때 예수님은 당신을 버려두지 않으신다. 그때도 당신을 위로하고 계신다. 그런데 이 위로를 받으려면 눈에 보이지 않는 것들을 볼 줄 알아야 한다. 겉으로 보이는 당신의 삶은 여전히 혼란스러울지도 모른다. 그러나 당신의 내면은 하나님의 은혜로 말미암아 날마다 새로워질 수 있다. 당신에게 고난 가운데 하나님이 어떻게 임재하시는지 볼 수 있는 눈이 있다면 말이다.

그러므로 우리는 낙심하지 않습니다. 우리의 겉사람

은 낡아가나, 우리의 속사람은 날로 새로워집니다. 지금 우리가 겪는 일시적인 가벼운 고난은, 비교할 수 없을 정도로 영원하고 크나큰 영광을 우리에게 이루어 줍니다. 우리는 보이는 것을 바라보는 것이 아니라, 보이지 않는 것을 바라봅니다. 보이는 것은 잠깐이지만, 보이지 않는 것은 영원하기 때문입니다.

(고후 4:16-18)

바울은 인간의 고통이 아무것도 아니라고 무시하지 않는다. 그런데도 이런 고난을 일시적이고, 가벼운 것이라고 말하고 있다. 어떻게 이렇게 말할 수 있을까? 그가 장차 있을 하나님의 "영원하고" "크나큰" 영광을 바라보고 있기 때문이다. 바로 여기에 실마리가 있다. 인간의 감각으로 감지할 수 없는 것에 주목하는 것이다. 우리 육신이 통증으로 인해 녹초가 되었을 때나 끊임없이 계속되는 좌절과 고통을 견뎌 내고 있을 때, 그렇게 하기는 극도로 어려울 것이다.

그러나 당신 주변에 있는 모든 것이 결국은 사라져 버린다는 사실을 깊이 생각해 보라. 머지않아 예수님이 다시 오실 때, 이 세상의 고통과 불행도 모두 사라질 것이다. "하늘과 땅은 없어질지라도,

나의 말은 결코 없어지지 않을 것이다."(마 24:35) 당신이 고난 중에 있다면, 우리에게 생명을 주시는 예수님의 말씀에 주의를 기울이라. 우리 눈은 감지할 수 없어도, 우리 마음은 느낄 수 없어도 하나님은 그분의 말씀과 성령으로 우리와 함께하고 계신다. 보이지 않는 것이 보이는 두려운 것들 속에서 우리를 지탱해 준다. 보이는 것은 일시적이고, 보이지 않는 것만이 영원하다.

나는 당신이 하나님의 선하신 손길 안에 거하기를 원한다. 우리는 늘 믿음의 확신을 가지고 살아야 하지만, 고통과 시련 중에도 그렇게 할 수 있으리라는 보장은 없다. 아니, 그렇게 하지 못한다. 이 슬픈 세상에는 인간으로서는 도저히 해결할 수 없는 고통과 아픔이 가득하기 때문이다. 그러니 결국 고통은 어떻게든 겪어 내야 하는 것이라고 말할 수밖에 없다.

그렇다고 해서 단순히 곤경에 맞설 수 있는 불굴의 의지를 단련하라는 이야기를 하려는 것이 아니다. 또한 하늘에서 떡이 떨어질 것을 기다리며 어떻게든 웃으면서 견뎌 내라는 것도 아니다. 이것은 회의론자들이 장차 올 영광을 바라는 그리스도인들을 풍자적으로 꾸며 낸 이야기에 불과하다. 고통은 그렇게 해결할 수 있는 문제가 아니다. 당신이 알아야 할 사실은 당신이 괴로워하는 바로 그 자리에 당신을 도와줄 이가 계신다는 것이다.

걱정을 피할 길은 없다. 파리를 쫓아내듯 가볍게 걱정을 떨쳐 낼 수는 없다. 우리 안에 걱정을 잠재우는 어떤 버튼이 있는 것도 아니다. 베드로가 말한 것처럼, 걱정은 하나님에게 맡겨야 한다. "여러분의 걱정을 모두 하나님께 맡기십시오. 하나님께서는 여러분을 돌보고 계십니다."(벧전 5:7) 하나님은 정말로 우리를 돌보신다. 그분은 말로만 우리를 사랑하는 분이 아니다. 하나님은 우리를 사랑하셔서 그분의 독생자가 십자가에서 죽도록 내어 주셨다. 그로 말미암아 이 예수님을 믿는 자마다 멸망하지 않고 영생을 얻게 하셨다.

영원한 생명을 바랄 수 있는 소망이 바로 여기에 있다. 이 세상에 있는 그 어떤 것도 영원하지 않다. 고통이나 불확실함도 마찬가지다. 이것들은 장차 올 세상에서 누릴 영원한 기쁨에 휩쓸려 사라질 것이다. 우리가 지금 살아가는 이 세상은 그 모든 불행과 함께 사라질 것이다. 그러나 하나님의 말씀은 결코 사라지지 않는다.

하나님은 말씀을 통해 우리에게 종말에 관한

놀라운 비밀을 알려 주신다.

보십시오, 내가 여러분에게 비밀을 하나 말씀드리겠습니다. 우리가 다 잠들 것이 아니라, 다 변화할 터인데, 마지막 나팔이 울릴 때에, 눈 깜박할 사이에, 홀연히 그렇게 될 것입니다. 나팔소리가 나면, 죽은 사람은 썩어 없어지지 않을 몸으로 살아나고, 우리는 변화할 것입니다. 썩을 몸이 썩지 않을 것을 입어야 하고, 죽을 몸이 죽지 않을 것을 입어야 합니다.
썩을 이 몸이 썩지 않을 것을 입고, 죽을 이 몸이 죽지 않을 것을 입을 그 때에, 이렇게 기록한 성경 말씀이 이루어질 것입니다.
"죽음을 삼키고서, 승리를 얻었다."
"죽음아, 너의 승리가 어디에 있느냐?
죽음아, 너의 독침이 어디에 있느냐?"
죽음의 독침은 죄요, 죄의 권세는 율법입니다.
그러나 우리 주 예수 그리스도를 통하여 우리에게 승리를 주시는 하나님께 우리는 감사를 드립니다.
(고전 15:51-57)

내가 사는 곳에서 멀지 않은 구릉지에 그림 같은 호수가 내려다보이는 아름다운 공동묘지가 있다. 그 묘지는 오래되어서, 남북전쟁 이래로 우리 마을에서 자란 비범한 인물들뿐 아니라 가장 평범한 인물들도 그곳에 함께 묻혀 있다. 평화와 고요가 깃든 참으로 아름다운 장소다.

하지만 그곳에 대한 내 기억 중에는 결코 평화롭지 않은 장면이 하나 깊이 새겨져 있다. 10년 전 5월의 어느 화창한 오후였다. 내 딸 곁에는 수많은 조문객이 함께했다. 바로 젊은 나이에 비극적인 사고를 당해 아내와 어린 아들을 남겨 두고 떠난 내 사위의 장례식이었다. 그야말로 장례식은 눈물바다였고, 사람들은 슬픔을 도무지 주체할 수 없었다. 사랑하는 이의 장례를 치러 본 적이 있다면, 그날의 모습이 어떠했을지 생생하게 떠올릴 수 있을 것이다.

당신이 앞으로 다가올 마지막 완성을 바라고 있다면, 당신이 겪는 슬픔은 그 또한 선한 것이다. 예수님도 "슬퍼하는 사람은 복이 있다. 하나님이 그들을 위로하실 것이다"라고 말씀하셨다(마 5:4). 이런 소망이 있기에 우리는 그 비통했던 날에 위로받을 수 있었다. 그날 광중(壙中) 옆에 놓인 사위의 관 앞에 선 우리 목사님이 전했던 말씀이 잊히지 않는다.

사람들은 이 죽음의 장소를 혐오한다. 그런데 바로 그곳에서 우리 목사님은 하관하기 전에 왜 우리가 죽음을 두려워하지 않아도 되는지에 대해 말씀해 주셨다. 초기 그리스도인들은 죽은 이들이 묻히는 땅을 부를 용어를 선택할 때, 침실 혹은 잠들기 위한 장소를 뜻하는 단어에서 가져왔다. 그래서 "묘지"(묘지를 뜻하는 영어 단어 'Cemetery'는 헬라어로 '잠들기 위한 장소'를 뜻하는 'koimētērion'에서 유래했다_역주)는 그리스도께서 다시 오실 때 함께 깨어나기를 기다리는 그리스도 안에서 죽은 자들을 위해 임시로 사용하는 거처였다.

우리 목사님이 설명해 주신 대로, 우리는 모든 육체가 부활하는 날 그도 함께 깨어나리라는 기대를 가지고 그를 땅에 묻었다. 그때 목사님은 다음과 같은 승리의 말씀을 전해 주셨다.

이제 우리 형제의 육체를 땅에 안장하니, 흙은 흙으로 돌아가고, 재는 재로 돌아가고, 진토는 진토로 돌아가나이다. 그러나 우리 주 예수 그리스도께서 마지막 날에 우리 형제를 부활케 하시어 영생을 누리게 하실 줄 믿나이다. 그날에 주께서 만물을 자신에게 복종시키는 그 능력으로 우리의 비천한 몸을 그분의 영광스러

운 몸과 같이 변화시켜 주실 줄 믿나이다.[6]

우리 주 예수 그리스도의 죽음과 부활, 바로 이 것이 소망 없는 세상에서 우리가 가지는 유일한 소 망이다.

우리의 주가 되시는 예수 그리스도께서 우리를 위해 죽으셨다. 그러므로 이 땅에서 우리 눈에 보 이는 것은 결코 우리가 궁극적으로 소유하게 될 것 이 아니다.

예수님이 무덤에 장사된 지 사흘 만에 다시 살 아나셨다. 그러므로 모든 믿는 이들은 더 이상 죽 음을 두려워할 필요가 없게 되었다. 부활하사 승천 하신 우리 주님은 이렇게 약속하셨다. "나는 부활 이요 생명이니, 나를 믿는 사람은 죽어도 살고, 살 아서 나를 믿는 사람은 영원히 죽지 아니할 것이 다."(요 11:25-26)

예수께서 십자가와 부활로 우리에게 주신 생명 은 영원하다. 이 땅에서 우리가 겪는 고난이 아무 리 길어 보일지라도, 영원한 생명과 비교해 보면 잠시일 뿐이다. 그리스도와 그분의 부활의 능력을 알기 위해서는 우리도 그 고난에 참여해야 한다. 그 고난은 머지않아 곧 끝날 것이다.

●

예수님 안에는 이미 이루어진 것도 있지만 아직 기다려야 할 것도 있다. 이미 우리는 그분이 우리를 용서하시고 위로하시는 사랑을 실제로 누리고 있다. 그러나 여전히 현세의 고난이 남아 있지만, 이조차도 장차 나타날 몸의 부활과 영생이 주는 영광과 비교할 수 없다. 그동안 우리는 날마다 우리의 모든 걱정을 기도와 간구로 그분에게 맡겨 드린다. 우리를 구속하신 주님의 사랑에 대한 감사를 곁들여서.

두려움과 공포 속에 살아가고 있는가? 상실감이나 슬픔을 이겨 내기가 힘겨운가? 역경과 불확실성으로 괴로워하고 있는가? 그렇다면 여기에 바로 당신을 위해 하나님이 예비하신 확실하고 분명한 약속의 말씀이 있다.

모든 은혜를 주시는 하나님,
곧 그리스도 안에서 여러분을
자기의 영원한 영광에 불러들이신 분께서,
잠시 동안 고난을 받은 여러분을
친히 온전하게 하시고,
굳게 세워 주시고, 강하게 하시고,

기초를 튼튼하게 하여 주실 것입니다.

권세가 영원히 하나님께 있기를 빕니다.

아멘.

(벧전 5:10-11)

11. 당신의 승리,

보이는 것은 일시적이고,
보이지 않는 것만이 영원하다.

"예수: 가장 귀한 보배"

요한 프랭크

●

예수, 가장 귀한 보배
참 기쁨의 근원
나의 참된 친구 되시네.

오랜 고통 가운데
시들해지는 내 영혼,
주님을 갈망하나이다.

너는 내 것이라, 오 어린 양 예수!
주께 피하니 괴로움 없고
주님밖에는 바랄 것 없네.

●

주의 품에 안기니
나를 해치려는 원수들은
여기 내게 닿을 수 없네.

땅이 흔들리고
모든 이가 떨지라도
예수 내 두려움 잠잠케 하네.

번개가 치고 천둥이 울리며
죄와 지옥이 나를 공격해도
예수 나를 지키시네.

●

사탄아, 네게 맞서노라
사망아, 너를 책망하노라
두려움아, 명하노니 멈추어라.

내가 평화를 노래하리니
세상은 나를 해치지 못하고
나는 그 위협에 놀라지 않네.

하나님이 때에 맞게 다스리시니
땅과 모든 심연이 주께 경배하고
잠잠히 그 앞에 꿇어 엎드리네.

이 땅의 모든 보물아!
나의 기쁨은 예수요
나의 선택은 예수라네.

모든 헛된 영광아!
너의 매혹적인 목소리도
내겐 아무 감흥이 없다네.

내 구주께서 나를 사랑하시니
고통이나 상실, 수치나 십자가도
나를 돌려 세울 수 없다네.

●

악한 세상아, 나는 너를 떠나노라
너는 나를 속일 수 없고
너의 호소는 헛일이라네.

한때 나를 눈멀게 한 죄야!
내게서 멀리 떠나가서
다시는 나타나지 말지어다.

교만과 권력의 때는 이제 지나났도다
죄의 결박을 내가 끊어 버리니
이제로부터 영원히 떠나갈지어다.

모든 두려움과 슬픔아!
예수는 기쁨의 주인.
그가 나와 함께하신다네.

폭풍이 몰아쳐 불어도
사랑하는 하나님의 자녀
그들 안에 평강이 있다네.

무슨 일을 만나든지
내게 순전한 기쁨 주시는
예수, 가장 귀한 보배 되시네.

주님, 내 기도를 들어 주시고,
내 부르짖음이 주님께 이르게 해주십시오.

시편 102:1

일상 기도

여기에서는 어느 때나 드릴 수 있는 기도문을 소개할 것이다. 개인 기도를 드릴 때는 우선 성경 구절이나 십계명, 사도신경, 주기도문에서 몇 구절을 고른다. 그리고 그 구절에서 교훈, 감사, 죄 고백, 간구라는 네 가지 내용을 찾아서 기도문을 엮어 낸다.

시편 23편으로 예를 들어 보자. "주님은 나의 목자시니, 내게 부족함 없어라."(시 23:1) 이 구절에서의 교훈은 말씀 그대로다. '주님은 나의 목자이십니다. 주님은 나의 모든 필요를 채워 주십니다.' 감사는 이런 식으로 할 수 있다. '하나님, 친절하게 보살펴주셔서 감사합니다.' 나라면 이런 죄를 고백할 것이다. '주님, 저는 너무나 자주 제가 들인 노력과 힘, 제가 가진 돈과 소유를 신뢰했습니다. 이런 우상들을 주님보다 중요하게 여겼습니다.' 마지막으로 간구는 이렇게 하면 된다. '주님, 저는 주님의 보

호 아래 안전하게 쉬고 싶습니다.'

이제 이 네 부분을 하나로 묶어서 이렇게 기도할 수 있다. "주님, 주님은 나의 목자이십니다. 주님은 나의 모든 필요를 채워 주십니다. 제가 보지 못하고 이해하지 못할 때도 언제나 친절하게 보살펴 주셔서 감사합니다. 고백컨대 저는 너무나 자주 제가 들인 노력과 힘, 제가 가진 돈과 소유를 신뢰했습니다. 이런 우상들을 주님보다 중요하게 여겼습니다. 이런 저를 도와주셔서 당신의 보호 아래 안전하게 쉬게 해주세요. 예수님의 이름으로 기도합니다. 아멘."

일상 기도

성부와 성자와 성령의 이름으로.
아멘.

하나님, 내가 부르짖는 소리를 들으시고,[*]
내 기도 소리를 귀담아 들어 주십시오.
내 마음이 약해질 때, 땅 끝에서 주님을 부릅니다.
내 힘으로 오를 수 없는 저 바위 위로 나를 인도하여
주십시오.
주님은 나의 피난처시요, 원수들에게서 나를 지켜 주는
견고한 망대이십니다.

주님, 당신은 우리 인생이 통과해야 할 깊은 곳을
아십니다. 우리가 그 깊은 곳을 지날 때에 우리 마음이
늘 당신을 향하게 하소서. 우리가 환난을 당할 때
인내하고, 곤경에 처할 때 겸손하게 하소서.
낙심하지 않고 끝까지 당신의 자비를 소망하게 하소서.
우리 눈이 어두워지거나 가려지지 않게 하셔서 늘
당신의 인애를 바라보게 하소서. 당신의 아들이신 우리
주 예수 그리스도의 이름으로 기도드립니다.
아멘.

---

[*] 시편 61:1-3

(개인 기도를 드리라. 성경 구절을 택하여 교훈, 감사, 죄 고백, 간구의 네 가지 내용으로 기도문을 엮으라.)

하늘에 계신 우리 아버지여[*]
이름이 거룩히 여김을 받으시오며
나라가 임하시오며
뜻이 하늘에서 이루어진 것 같이 땅에서도
이루어지이다
오늘 우리에게 일용할 양식을 주시옵고
우리가 우리에게 죄 지은 자를 사하여 준 것 같이 우리
죄를 사하여 주시옵고
우리를 시험에 들게 하지 마시옵고
다만 악에서 구하시옵소서
나라와 권세와 영광이 아버지께 영원히 있사옵나이다

여호와를 송축하라[**]
하나님께 감사드립니다.
주님, 우리에게 복 주셔서, 모든 잘못에서 건져주시며,
영원한 생명에 이르게 하소서.
아멘.

---

[*] 마태복음 6:9-13

[**] 시편 103:1

아침 기도

그리스도인들이 하루를 기도로 시작하고 기도로 마무리하는 전통은 초대교회 때부터 이어져왔다. 여기에 실린 기도문들은 성경에서 인용한 구절들로 이루어졌다. 영감된 말씀으로 기도할 때 성령님은 친히 이루 다 말할 수 없는 탄식으로, 우리를 대신하여 간구하여 주신다(롬 8:26). 하나님의 말씀이 우리의 말이 될 때, 우리가 두려워하는 것이 무엇인지, 그리고 우리가 믿는 바는 무엇인지가 명확히 드러나서 말로 표현할 수 있게 된다.

아침에 기도할 때 신자는 하나님과 이웃을 섬기기 위해 자신의 삶과 일을 성별하여 드린다. 하루를 시작할 때 이 오래된 기도문을 사용하여 하나님의 말씀으로 당신의 삶을 거룩하게 구별하라. 이 기도문은 여럿이서 함께 기도하는 용도로 쓰일 수 있다. 인도자가 보통 굵기로 쓰인 기도문을 읽고,

구성원들은 굵은 글씨로 쓰인 기도문을 읽으면 된다. 물론 이 기도문은 개인 기도용으로도 쓰일 수 있다.[7]

아침 기도

주님의 한결같은 사랑이*
다함이 없고
그 긍휼이 끝이 없기 때문이다.
"주님의 사랑과 긍휼이 아침마다 새롭고,
주님의 신실이 큽니다."
나는 늘 말하였다. "주님은 내가 가진 모든 것,"
"주님은 나의 희망!"

[시편 기도]
주님, 내 입술을 열어 주십시오. **
주님을 찬양하는 노래를 내 입술로 전파하렵니다.
주님, 너그럽게 보시고 나를 건져 주십시오. ***
주님, 빨리 나를 도와주십시오.

내가 눈을 들어 산을 본다. ****
내 도움이 어디에서 오는가?
내 도움은 하늘과 땅을 만드신 주님에게서 온다.
주님께서는, 네가 헛발을 디디지 않게 지켜 주신다.

---

* 예레미야애가 3:22-24
** 시편 51:15
*** 시편 70:1
**** 시편 121편

너를 지키시느라 졸지도 않으신다.

이스라엘을 지키시는 분은,

졸지도 않으시고, 주무시지도 않으신다.

주님은 너를 지키시는 분,

주님은 네 오른쪽에 서서,

너를 보호하는 그늘이 되어 주시니,

낮의 햇빛도 너를 해치지 못하며,

밤의 달빛도 너를 해치지 못할 것이다.

주님께서 너를 모든 재난에서 지켜 주시며,

네 생명을 지켜 주실 것이다.

주님께서는, 네가 나갈 때나 들어올 때나,

이제부터 영원까지 지켜 주실 것이다.

영광이 성부와 성자와 성령께.

처음과 같이 지금도 그리고 영원히. 아멘.

[기도]

우리 주 예수님은 우리의 기도를 간절히 기다리고
계십니다. "너희 가운데 아버지가 된 사람으로서
아들이 생선을 달라고 하는데, 생선 대신에 뱀을 줄
사람이 어디 있으며, 달걀을 달라고 하는데 전갈을
줄 사람이 어디에 있겠느냐? 너희가 악할지라도 너희

자녀에게 좋은 것들을 줄 줄 알거든, 하물며 하늘에
계신 아버지께서야 구하는 사람에게 성령을 주시지
않겠느냐?" *

하나님께 감사드립니다.

주님, 내 기도를 들어 주시고, **
내 부르짖음이 주님께 이르게 해주십시오.

기도합시다.

전능하시고 영원하신 하나님, 당신은 우리가 기도하는
것 이상으로 들어주시는 하나님이십니다. 우리가
원하는 것, 우리에게 마땅한 것보다 많이 베푸시기를
기뻐하시는 하나님이십니다. 당신의 자비를 우리에게
풍성히 부어 주시고, 우리 양심이 부끄러워하는 것들을
용서하여 주시며, 선한 것들을 우리에게 베풀어 주소서.
이런 것들은 우리 구주 예수 그리스도의 공로와 중보가
아니면 우리로서는 도저히 구할 수 없는 것들입니다.
성자께서는 성부, 성령과 함께 삼위로 계신 한 분
하나님이시며, 우리를 영원히 다스리십니다.

---

*　　누가복음 11:11-13
**　　시편 102:1

아멘.

(개인 기도를 드리라. 성경 구절을 택하여 교훈, 감사, 죄 고백, 간구의 네 가지 내용으로 기도문을 엮으라.)

하늘에 계신 우리 아버지여 *
이름이 거룩히 여김을 받으시오며
나라가 임하시오며
뜻이 하늘에서 이루어진 것 같이 땅에서도
이루어지이다
오늘 우리에게 일용할 양식을 주시옵고
우리가 우리에게 죄 지은 자를 사하여 준 것 같이 우리
죄를 사하여 주시옵고
우리를 시험에 들게 하지 마시옵고
다만 악에서 구하시옵소서
나라와 권세와 영광이 아버지께 영원히 있사옵나이다

전능하시고 영원하신 하나님 아버지, 당신이 우리를
지금까지 지켜 주셨나이다. 전능하신 힘으로 우리를
보호하시어 죄에 빠지지 않게 하시며, 모든 역경을
이겨 내게 하소서.

———————————

*   마태복음 6:9-13

우리가 하는 모든 일에서 주님이 뜻하신 바를 이루도록
이끌어 주소서. 우리 주 예수 그리스도의 이름으로
기도드립니다.
아멘.

[축도]
우리 가운데서 일하시는 능력을 따라,
우리가 구하거나 생각하는 것 이상으로
더욱 넘치게 주실 수 있는 분에게,
교회 안에서와 그리스도 예수 안에서,
영광이 대대로 영원무궁하도록 있기를 빕니다.
아멘.[*]

주님을 찬송하여라 [**]
하나님께 감사드립니다.

---

[*]   에베소서 3:20-21

[**] 시편 103:1

저녁 기도

그리스도인들이 하루를 기도로 시작하고 기도로 마무리하는 전통은 초대교회 때부터 이어져왔다. 여기에 실린 기도문들은 성경에서 인용한 구절들로 이루어졌다. 영감된 말씀으로 기도할 때 성령님은 친히 이루 다 말할 수 없는 탄식으로, 우리를 대신하여 간구하여 주신다(롬 8:26). 하나님의 말씀이 우리의 말이 될 때, 우리가 두려워하는 것이 무엇인지, 그리고 우리가 믿는 바는 무엇인지가 명확히 드러나서 말로 표현할 수 있게 된다.

저녁 기도의 전례는 하루의 마무리, 곧 끝을 의미하는 "종과"(終課, Compline)라고 불렸다. 하나님의 보살핌 아래에서 휴식을 취할 때 이 오래된 기도문을 사용하여 하나님의 말씀으로 당신의 삶을 거룩하게 구별하라. 이 기도문은 여럿이서 함께 기도하는 용도로 쓰일 수 있다. 인도자가 보통 굵기로 쓰인 기도문을 읽고, 구성원들은 굵은 글씨로 쓰인 기도문을 읽으면 된다. 물론 이 기도문은 개인 기도용으로도 쓰일 수 있다.[8]

저녁 기도

전능하신 하나님, 이 밤에 우리로 평안히 쉬게 하시고,
오늘 하루를 온전히 마무리하게 하소서.
아멘.

천지를 지으신 주님이 *
우리를 도우신다.

[죄 고백]
하나님께 우리의 죄를 고백합시다.

(잠시 묵상한다.)

전능하신 하나님, 하늘에 계신 아버지여,
우리가 그릇된 생각과 말과 행위로,
그리고 마땅히 해야 할 일을 하지 않음으로
당신께 죄를 지었나이다.
당신의 아들 우리 주 예수 그리스도를 위하여
우리의 모든 죄를 용서해 주옵소서.
우리가 당신의 이름의 영광을 위해

---

*   시편 124:8

새로운 생명으로

당신을 섬길 수 있도록 허락해 주옵소서. 아멘.

전능하신 하나님께서 우리의 모든 죄를 용서하여
주시고, 성령의 은혜와 위로를 주소서.

아멘.

[시편 기도]

주님, 너그럽게 보시고 나를 건져 주십시오. *

주님, 빨리 나를 도와주십시오.

의로우신 나의 하나님, **

내가 부르짖을 때에 응답하여 주십시오.

내가 곤궁에 빠졌을 때에, 나를 막다른 길목에서

벗어나게 해주십시오.

나에게 은혜를 베푸시고, 나의 기도를 들어 주십시오.

너희 높은 자들아, 언제까지 내 영광을 욕되게 하려느냐?

언제까지 헛된 일을 좋아하며, 거짓 신을 섬기겠느냐?

주님께서는 주님께 헌신하는 사람을 각별히 돌보심을

기억하여라.

---

*   시편 70:1
**   시편 4:1-8

주님께서는 내가 부르짖을 때에 들어 주신다.

너희는 분노하여도 죄짓지 말아라.

잠자리에 누워 마음 깊이 반성하면서, 눈물을 흘려라.

올바른 제사를 드리고,

주님을 의지하여라.

"누가 우리에게 좋은 일을 보여 줄 수 있을까?" 하며
불평하는 사람이 많이 있습니다.

그러나 주님, 주님의 환한 얼굴을 우리에게 비춰 주십시오.

주님께서 내 마음에 안겨 주신 기쁨은

**햇 곡식과 새 포도주가 풍성할 때에 누리는 기쁨보다 더
큽니다.**

내가 편히 눕거나 잠드는 것도,

주님께서 나를 평안히 쉬게 하여 주시기 때문입니다.

영광이 성부와 성자와 성령께.

처음과 같이 지금도 그리고 영원히. 아멘.

[기도]

우리 주 예수께서 우리를 초청하십니다. "수고하며
무거운 짐을 진 사람은 모두 내게로 오너라. 내가 너희를
쉬게 하겠다. 나는 마음이 온유하고 겸손하니, 내 멍에를
메고 나한테 배워라. 그리하면 너희는 마음에 쉼을 얻을

것이다. 내 멍에는 편하고,
내 짐은 가볍다."*
하나님께 감사드립니다.

주님의 손에 나의 생명을 맡깁니다. **
진리의 하나님이신 주님,
나를 속량하여 주실 줄 믿습니다.

주님의 눈동자처럼 나를 지켜 주시고, ***
주님의 날개 그늘에 나를 숨겨 주시고,

주님, 내 기도를 들어 주시고, ****
내 부르짖음이 주님께 이르게 해주십시오.

기도합시다.

전능하시고 영원하신 하나님, 당신은 우리가 기도하는
것 이상으로 들어주시는 하나님이십니다. 우리가
원하는 것, 우리에게 마땅한 것보다 많이 베푸시기를
기뻐하시는 하나님입니다. 당신의 자비를 우리에게

---

*　　마태복음 11:28-30
**　　시편 31:5
***　　시편 17:8
****　　시편 102:1

풍성히 부어 주시고, 우리 양심이 부끄러워하는 것들을
용서하여 주시며, 선한 것들을 우리에게 베풀어 주소서.
이런 것들은 우리 구주 예수 그리스도의 공로와 중보가
아니면 우리로서는 도저히 구할 수 없는 것들입니다.
성자께서는 성부, 성령과 함께 삼위로 계신 한 분
하나님이시며, 우리를 영원히 다스리십니다.
아멘.

*(개인 기도를 드리라. 성경 구절을 택하여 교훈, 감사, 죄
고백, 간구의 네 가지 내용으로 기도문을 엮으라.)*

하늘에 계신 우리 아버지여 *
이름이 거룩히 여김을 받으시오며
나라가 임하시오며
뜻이 하늘에서 이루어진 것 같이 땅에서도 이루어지이다
오늘 우리에게 일용할 양식을 주시옵고
우리가 우리에게 죄 지은 자를 사하여 준 것 같이
우리 죄를 사하여 주시옵고
우리를 시험에 들게 하지 마시옵고
다만 악에서 구하시옵소서
나라와 권세와 영광이 아버지께 영원히 있사옵나이다

---

* 마태복음 6:9-13

사랑하는 주님, 이 밤에 일하는 이들과 지키는 이들과
슬퍼 우는 이들을 보호하시고, 잠자는 모든 이들을
주님의 천사로 지켜 주소서. 주 그리스도시여,
병든 이들을 돌봐 주시고, 생활에 지친 이들을 쉬게
하시고, 아파하는 이들의 통증을 경감시켜 주시고,
고난에 처한 이들을 위로하여 주시고, 기쁨을 누리는
이들은 보호하여 주소서. 주님의 사랑에 의지하여
기도하나이다.
아멘.

**주님, 우리가 깰 때에 인도하시어 주님과 함께 있게
하시고, 우리가 잠들 때에 보호하시어 평안히 쉬게
하옵소서.**

[축도]
여호와를 송축하라 *
하나님께 감사드립니다.
전능하시고 자비로우신 주님. 성부, 성자, 성령
하나님께서 우리를 축복하시고 우리를 지켜 주옵소서.
아멘.

---

*   시편 103:1

미주

1) C. S. 루이스, 『고통의 문제』 *The Problem of Pain* (Macmillan, 1959, 한국어판은 홍성사에서 출간), 81.

2) 이것은 *Lutheran Service Book* (Concordia, 2006), 292의 개인 고백 전례문에 따른 표현이며, 그 문장들은 하나님 앞에서 내가 겪는 대부분의 상황을 잘 요약하고 있다.

3) Thomas Kelly, "Stricken, Smitten, and Afflicted," *Lutheran Service Book*, no. 451, v. 2.

4) 교회에는 예수님의 죽음과 부활을 이런 방식으로 묘사해 온 오랜 전통이 있다. 그것은 종종 "낚인 리워야단"(baited Leviathan) 은유로 불린다. 히브리서 2:14-15과 욥기 41:1을 참조하라.

5) Thomas Ken, "All Praise to Thee, My God, This Night," *Lutheran Service Book*, no. 883, v.3.

6) The Rite of Committal, *Lutheran Service Book Pastoral Care Companion* (Concordia, 2007), 134.

7) "아침기도"는 "Daily Morning Prayer: Rite Two," *The Book of Common Prayer* (Oxford University Press, 1979), 75-102를 개작한 것이다. 또한 *The Book of Common Prayer*, 234의 "Proper 22"를 사용하고 있다.

8) "저녁기도"는 "Compline," *The Book of Common Prayer*, 127-35를 개작한 것이다. 또한 *The Book of Common Prayer*, 234의 "Proper 22"를 사용하고 있다.

하나님을 신뢰할 수 없을 때

고난과 고통 속에서

2024년 1월 20일 초판 1쇄 인쇄
2024년 1월 30일 초판 1쇄 발행

지은이 해럴드 센크바일
옮긴이 김태형
펴낸이 고태석
디자인 김수진 | 엔드노트
편집 프롬와이

펴낸곳 구름이 머무는 동안
출판등록 2021년 6월 4일 제2022-000183호
이메일 cloud_stays@naver.com
인스타그램 @cloudstays_books

ISBN 979-11-982676-4-1 (03230)